청소년의 진로탐색과 결정

청소년의 진로탐색과 결정

문 승 태

한국학술정보㈜

목 차

표 차례

그림 차례

I. 서 론

A. 연구의 필요성

한 개인이 자아를 실현하고 행복한 삶을 영위하는 데 직접적인 영향을 미치는 것은 그의 직업이다. 직업은 한 개인의 삶의 본질을 결정하고, 삶의 내용과 수준, 가치를 결정짓는 가장 중요한 관건이기 때문이다. 한 개인이 어떤 직업과 진로를 선택하느냐에 따라 그의 인간관계, 사회적·경제적 지위, 가치관과 태도, 정신건강과 신체건강, 거주지 등 생활의 모든 측면이 영향을 받게 되며, 나아가 그의 생활양식이 직업에 의해 결정되고, 궁극적으로는 그의 인생이 직업에 의해 결정된다.

우리 사회의 자녀에 대한 치열한 교육열과 전쟁을 방불케 하는 대학 입시는 바로 이러한 좋은 직업을 선택하기 위한 경쟁이라 할 수 있다. 그리고 성적이 우수한 학생들이 선호하는 세칭 일류 대학과 인기 있는 학과는 모두 사회 활동과 직업선택에 유리한 조건을 갖추고 있다는 공통점이 있다. 우리 사회에서는 특히 어떤 대학 어떤 학과에 진학했느냐에 따라 그의 장래 진로와 직업이 거의 결정되어 있다고 해도 지나친 말이 아니다. 그만큼 둘 사이의 상관관계가 매우 밀접하다고 하겠다.

이러한 진로선택의 중요성 때문에 우리나라의 청소년들은 고등학교 시절 진로문제로 인해 갈등과 고민이 많다. 그러나 그 고민의 대부분은 자신에게 적합한 일을 찾고 진로를 선택하기 위한 모색에서 오는 것이 아니라 입시를 위한 성적 부진으로 인한 것이며, 학교나 가정에서도 학생 개개인의 적성이나 능력, 가치관에 적합한 진로지도보다는 교과성적 올리기에만 급급한 실정이다. 그리고 대학과 학과를 선택해야 하는 고등학생들은 자신이 전공해야 할 학과의 특성과 직업의 성격을 정확하게 모른 채 즉흥적으로 진로를 선택하고, 이러한 진로선택은 필연적으로 많은 부적응과 갈등, 방황을 야기하게 된다. 서울대학교에 진학한 학생들을 대상으로 조사한 한 연구에 의하면 학생들의 95%가 자기가 선택한 학과에 대해 전혀 알지 못했거나 대강밖에 모르고 있었다는 보고(정철영, 1998)가 있는데, 이러한 사정은 다른 대학도 크게 다르지 않으리라 생각된다. 최근 심각한 사회 현상으로 대두된 대학생들의 중도 자퇴, 전과, 타교 편입 등과 젊은 직장인들의 잦은 이직 문제는 이러한 즉흥적인 진로선택과 많은 관련이 있다고 보여진다. 자기의 진로에 대한 충분한 모색과 검토 없이 무계획적으로 이루어진 결정이 바람직할 리가 없고, 그런 바람직하지 못한 결정에 만족하며 잘 적응하기는 매우 어렵기 때문이다.

그러므로 고등학교에서의 체계적이고 종합적인 진로지도의 중요성은 아무리 강조해도 지나치지 않을 것이다. 진로결정에 관한 문제를 다루고 있는 이론 중 '진로발달이론'은 1909년 Parsons에 의해 처음 제기되었고, Tiedeman과 O'Hara는 1963년 진로의사결정 모형을 개발하였다. 그리고 위 두 사람의 연구를 토대로 하여 Harren(1979)은 진로의사결정 과정을 측정할 수 있는 척도를 제시하였다. 그 후 Osipow와 동료들이(1980) 진로결정 수준을 측정할 수 있는 연구가 활발하게 진행되었고, 관련변인들과의 관계를 규명하는 연구가 지속적으로 이루어졌다.

그런데 대부분의 연구에서 진로결정은 고등학교 이후에 이루어진다고 생각하고 있고(Schneider & Stevenson, 1999), 따라서 고등학생들을 대상으로 한 진로결정 연구는 아주 미흡한 실정이다(배종훈, 2001; Fuqua, Blum, & Hartman, 1988; Noeth, Engen, & Noeth, 1984; Seligman, 1994; Savickas, 1989; Taylor, 1982; Vondracek, Hostetler, Wanberg & Muchinsky, 1990).

그러나 이상의 여러 연구와는 달리 고등학교 시절의 효율적인 진로교육이 진로의사결정을 더욱 신장시킨다는 연구도 있다(서우석, 1994; Multon Heppner & Lapan, 1995). 고등학교 시기는 자아정체감 형성에 극히 중요한 시기이고, 부모애착에서 또래애착으로 애착의 유형이 전환되는 시기이다. 특히 우리 사회에서는 대다수의 실업계 고교 졸업생들이 곧바로 직업 전선으로 나아가고, 대학에 진학한 인문계 고교생들 또한 대다수가 전공학과와 밀접하게 관련된 직업을 선택하게 되는 현실을 고려할 때 고등학교에서의 진로결정 수준을 위한 연구는 그 의의가 매우 크고 시급한 일이다.

Super(1957)에 의하면 직업선택은 삶의 어느 시점에서 이루어지는 일회적인 결정이 아니라 성장과정에서의 크고 작은 일련의 의사결정과 관련된 발달과정의 한 단계이다. 그리고 한 개인이 진로를 결정하는 데는 무수히 많은 요인들이 때로는 긍정적인, 때로는 부정적인 영향을 미치며, 그 영향의 정도도 각기 다르다는 것이다. 그간 여러 학자들이 진로결정 수준에 영향을 미치는 요인들에 대한 주목할 만한 연구결과를 내놓았는데, 그 요인으로는 지능·학업능력·인지양식·자아개념·자기존중감·통제 소재·의사결정양식 같은 개인 내적 요인(고향자, 1992; 이기학, 1997, Luzzo, 1993; Osipow & FitzGerald, 1996; Savickas & Hartung, 1996)과, 사회·경제적 배경과 가족관계 같은 개인 외적 요인(김은진, 2000; 박수길, 2002; Palmer & Cochran, 1988; Schulenberg, Vondracek & Crouter, 1984)이 많이 언급되었다. 그러나 청소년들의 진로결정 수준에 영향을 미치는 이런 여러 변인들은 부분적이고 독립적으로 연구되었을 뿐, 여러 변인들 간에 어떠한 관련성이 있으며, 상호 어떤 영향을 미치는가에 대해서는 연구의 성과가 별로 많지 않다. 진로결정 수준에 미치는 여러 변인들의 중요성을 감안할 때 이런 변인들의 관계는 보다 체계적이고 심도 있는 규명이 필요하다고 생각한다.

본 연구는 이러한 필요성에 근거하여 고등학생의 진로결정 수준에 영향을 미치는 개인변인과 심리적 변인들 간의 인과관계를 밝혀 보려고 한다. 본 연구를 통해 진로결정 수준에 영향을 미치는 여러 변인 간의 관련성이 규명된다면, 그 결과는 진로결정 수준

프로그램을 개발하거나 진로교육 연구, 현장에서의 진로상담, 나아가 사회심리학적 진로발달 및 진로결정 도구 개발에 필요한 기초자료로 유용하게 사용될 수 있을 것이다.

B. 연구의 목적과 문제

본 연구에서는 진로결정 수준에 직·간접적으로 영향을 미치는 개인변인과 심리적 변인 간의 인과관계를 다각적으로 분석하여 경로모형을 예측하고자 한다. 고등학생의 예측된 경로모형을 통해서 청소년의 진로상담, 심리측정도구의 개발, 나아가 사회심리학적 진로발달이론에 대한 기초자료를 제공하는 데 그 목적이 있다. 이러한 목적을 달성하기 위한 구체적인 연구문제는 다음과 같다.

연구문제 1. 고등학생의 개인변인(성, 학교유형, 부모의 사회경제적 배경)에 따라 심리적 변인(부애착, 모애착, 또래애착, 자아정체감, 자기효능감, 진로결정 수준)은 차이가 있는가?
1) 성에 따라 심리적 변인은 차이가 있는가?
2) 학교유형에 따라 심리적 변인은 차이가 있는가?
3) 아버지의 학력에 따라 심리적 변인은 차이가 있는가?
4) 어머니의 학력에 따라 심리적 변인은 차이가 있는가?
5) 아버지의 직업적 위신에 따라 심리적 변인은 차이가 있는가?

6) 가정의 월수입에 따라 심리적 변인은 차이가 있는가?

연구문제 2. 부모의 사회경제적 배경(SES), 부애착, 모애착, 또래애착이 자아정체감 및 자기효능감에 어떤 영향을 미치는가?
 1) 부모의 사회경제적 배경, 부애착, 모애착, 또래애착이 자아정체감에 어떤 영향을 미치는가?
 2) 부모의 사회경제적 배경, 부애착, 모애착, 또래애착이 자기효능감에 어떤 영향을 미치는가?

연구문제 3. 부모의 사회경제적 배경, 부애착, 모애착, 또래애착, 자아정체감 및 자기효능감이 진로결정 수준에 어떤 영향을 미치는가?
 1) 부모의 사회경제적 배경, 부애착, 모애착, 또래애착 및 자아정체감이 진로결정 수준에 어떤 영향을 미치는가?
 2) 부모의 사회경제적 배경, 부애착, 모애착, 또래애착 및 자기효능감이 진로결정 수준에 어떤 영향을 미치는가?

연구문제 4. 부모의 사회경제적 배경, 부애착, 모애착, 또래애착, 자아정체감, 자기효능감 및 진로결정 수준 간에는 어떤 관계가 있는가?
 1) 부모의 사회경제적 배경, 부애착, 모애착, 또래애착, 자아정체감 및 진로결정 수준 간에는 어떤 관계가 있는가?
 2) 부모의 사회경제적 배경, 부애착, 모애착, 또래애착, 자기효능감 및 진로결정 수준 간에는 어떤 관계가 있는가?

C. 용어의 정의

본 연구에서 사용된 '진로결정 수준', '자아정체감', '자기효능감' 등의 용어는 다음과 같은 의미로 사용되었다.

1. 진로결정 수준

진로결정 수준(career decision level)은 고등학생들이 진학, 직업 선택에 대한 확신의 정도로서 진로결정과 진로미결정을 양극단으로 하는 연속선상의 어느 한 지점을 말한다. 본 연구에서는 Osipow 등 (1980)의 진로결정 수준 검사를 활용하였으며, 이 점수가 높을수록 진로가 보다 확고하게 결정되어 있음을 나타낸다. 여기에서 진로라는 개념에는 졸업 후에 진학을 하는 것과 취업을 하는 것이 모두 포함되어 있다.

2. 자아정체감

자아정체감(ego-identity)은 대인관계, 역할, 목표, 가치, 이념 등에 있어서 자기가 지니는 고유성 곧 '자기다움'에 대한 자각과 이에 부합되는 자기통합성과 일관성을 견지해 나가는 의식적, 무의식적인 노력이다(박아청, 1990). 본 연구에서 자아정체감은 시간의 흐름에 따라 자기의 본질을 발견할 수 있는 능력으로 '나는 누구 인가', '나의 존재는 어떻게 증명할 수 있나', '나는 주체적인 존재 인가' 등의 질문에 대한 의식적인 자각으로서, 고등학생이 이상과 행동 및 사회적 역할을 통합할 수 있는 자아의 성숙된 단계를 의 미한다. 즉 부모나 또래, 또는 외부적 충격으로부터도 정체성이 붕 괴되지 않고 자신의 진로를 선택할 수 있는 일정한 수준의 의식을 의미한다.

3. 자기효능감

자기효능감(self-efficacy)은 한 개인이 의도한 결과를 얻는 데 필요한 행동을 성공적으로 수행할 수 있는 기술에 대한 신념이다 (Bandura, 1977). 본 연구에서의 자기효능감은 고등학생이 자신이 원하는 진로를 결정하고자 할 때 자신을 인식하고, 정보를 탐색하 며, 나아가 어떤 상황을 극복할 수 있는 신념이나 기대감을 말한 다. 높은 자기효능감은 긍정적인 자아를 형성하고, 지속적인 과제 지향적 노력을 촉진시키지만, 낮은 자기효능감은 부정적인 자기평 가로 인해 자신감을 지니지 못하게 하고, 결과적으로 의도한 결과 를 성취하는 데 저해요소로 작용한다.

D. 연구의 제한점

본 연구는 다음과 같은 몇 가지의 제한점을 갖는다.

첫째, 이 연구는 충청남도 고등학생만을 그 대상으로 하였기 때문에 연구의 결과를 충청남도 고등학생들에게는 일반화할 수 있으나 전국의 모든 고등학생들에게 일반화시키기에는 다소 무리가 따른다.

둘째, 본 연구는 진로결정 수준의 여러 측정 변인 중에서 성, 학교유형, 부모의 사회경제적 배경, 부애착, 모애착, 또래애착, 자아정체감, 자기효능감만을 대상으로 하여 각 변인 간 인과관계를 탐구하였으므로, 위의 요인들만으로는 개인의 전체 진로결정 수준을 측정하기에 제한점이 있다.

Ⅱ. 이론적 배경

A. 진로결정 수준

1. 진로결정 수준의 개념

진로결정 수준에 관한 개념을 정의하기 위해서는 진로결정과 진로미결정에 대한 개념을 먼저 살펴볼 필요가 있다. 진로결정 혹은 진로미결정이라는 개념은 왜 한 집단 안에 자신의 진로에 대해서 확실한 결정을 하는 학생이 있는 반면, 그렇지 못한 학생들이 있는가를 규명하고자 하는 데에서 출발되었다(Wanberg & Muchinsky, 1992).

Walsh(1987)에 따르면, 진로결정은 개인의 발달과정의 하나이고, 개인마다 다양한 특징을 가지고 있다. 그는 사회학습이론가들에 의해서 제시되고 있는 유전적 재능과 자질, 환경조건과 다른 사건들, 학습경험 등 여러 요인에 의해 진로결정이 어떻게 영향을 받는가를 이론화하였다. 김충기(2000)에 의하면 개인의 성장과정은 고등학생들의 취업과 학과를 선택하는 데 결정적인 영향을 끼칠 뿐 아니라, 나아가 장래의 삶에도 중요한 영향을 미친다. 김충기는 진로결정에 대하여 세 부분의 이론을 정립하였는바, 즉, 진로의식이 한 인간의 생애발달 과정을 통하여 체계적이고 지속적으로 이루어진다는 이른바 '진로의식 발달이론', 진로인식·탐색·결정에 이르는 일련의 과정을 학습시켜 주어야 한다는 '진로학습 이론', 개인의 진로결정에 작용하는 여러 가지 요인들의 관계를 보다 명확히 이해할 수 있게 함으로써 합리적으로 진로를 결정하게 된다는 '진로선택 및 결정이론'이 그것이다.

Crites(1981)에 따르면, 진로미결정은 개인이 직업선택과 진로를 결정해야 할 단계에서 확실한 결정을 하지 못한 상태를 의미한다. 그는 진로미결정의 원인으로 그 개인이 본질적으로 가지고 있는 성, 사회·문화적 배경 등의 구성요소보다는 정보의 부족, 진로결정에 대한 학습 부족, 진로선택에 대한 체험 요소 부족 등을 제시하고, 이러한 부족 요소의 보충을 강조하였다.

한편 Salomone(1982)은 진로미결정이란 25세 이상의 성인에게만 국한된 문제라고 주장했다. 그의 주장은, 젊은 개인들은 너무나 많은 불확실성과 영향에 직면해서 진로미결정이 자연스러운 상태라는 사실에 기초하고 있다.

이상에서 살펴본 진로결정과 진로미결정 개념에 기초하여 진로결정 수준에 대해서 개념을 정리하여 보면 다음과 같다.

김봉환(1997)은 '진로를 결정했다'함은 일반적으로 현재 상태 이후에 자신의 진로와 관련된 방향을 분명히 설정했음을 의미하며, 보다 구체적으로는 대학에서의 전공선택에 대한 확신 혹은 졸업 후에 자기가 종사할 구체적인 직업 분야의 선택을 뜻한다고 하였다. 그에 의하면, 진로결정 수준은 진로미결정과 진로결정에 대한 연속선상에 있는 단계를 의미한다고 볼 수 있다.

요컨대, 진로결정 수준이란 한 개인이 진로를 확실히 결정하기 위한 전 단계의 수준이라고 말할 수 있다. 본 연구에서는 고등학생들이 진학, 직업선택에 대한 확신의 정도로서 진로미결정과 진로결정을 양57

극단으로 하는 연속선상의 어느 한 지점, 즉 수준을 지칭하고 있다.

2. 진로결정 이론

1960년대를 거치면서 심리학적 의사결정이론에 입각한 진로결정 수준 이론이 강조되기 시작하였는데, 이 이론은 진로결정 수준에 영향을 미치는 요인에 대한 심리학적 접근의 분석 및 설명에 그 목적을 두고 있었다(Jepsen & Dilley, 1974).

진로결정이론에 대한 학자들의 견해를 정리하면 다음과 같다.

Frank Parsons(1909)는 직업선택을 일생의 중요한 결정 중의 하나라고 보면서, 특성요인이론의 토대를 형성하였으며, 진로결정이 개인의 잠재력을 나타낸다고 하였다(김충기, 2000). 직업선택은 자아인식과 직업에 관한 지식을 통해 자아와 직업에 대한 과학적이고 합리적인 연결로 이루어진다고 하였다(Harris, 1995).

Williamson(1939)은 진로미결정, 불확실한 결정, 자신의 흥미와 적성 간의 불일치한 경우를 설명하였다. 그는 Parsonian모형을 수정하기 시작하였으며, 진로선택과 진로결정에 앞서서 개인의 진로미결정 상태에 대한 원인을 밝히려는 노력을 하였다(Bordin, 1946; Campbell & Cellini, 1981; Crites, 1981). Bordin(1946)은 Williamson(1939)의 연구에 불안의 요인을 추가하였으며, Crites(1981)는 진로미결정을 하나의 문제로 제시하면서, 진로상담 결정과정에서 개인의 능동적인 참여를 해법으로 제시하였다. Campbell과 Cellini(1981)는 성인에 대한 진로상담의 주요한 자료를 제시하였으며, 청소년기 진로결정 과정에서의 문제점들을 제시하였다.

1950년대 진로발달 이론은 Ginzberg, Ginsburg and Axelrad(1951), Herma(1951), and Super(1957)에 의해서 소개되었다. 그들은 진로선택을 일련의 발달단계의 한 과정으로 보았다. 그들은 진로결정이 이루어진 단계를 중시하고, 일단 결정이 되어도 변화될 수 있다는 점에 초점을 맞추어 연구하였다(Harris, 1995). Ginzberg와 동료들은 "직업선택은 하나의 발달과정이다. 그것은 한번의 결정이 아니라, 수년에 걸쳐서 만들어지는 일련의 결정들"이라고 기술하였다. Ginzberg이론은 그 일련의 과정을 환상기(fantasy), 잠정기(tentative), 현실기(realistic)로 구분하였다. Super(1957)는 한 개인은 일생에 걸쳐서 9단계에 걸친 진로결정 시기를 경험한다고 주장하였다. 진로결정은 환경적 요소와 개인결정 요소 간의 상호작용으로 이루어진다. 진로발달은 감정적, 지적, 그리고 사회적 기술 발달의 역동적 과정에 의해서 이루어진다.

Dysinger(1950)는 직업선택을 '결정의 연속'으로 보았고, 간혹 진로결정을 부정적으로 하는 사례와 여자들의 진로계획은 남자들의 그것과는 본질적으로 다르다는 것에 주목한 연구결과를 내놓았다.

많은 발달주의자들은 진로선택이론의 영역에서 Holland의 연구에 관심을 가졌다. Holland의 접근법은 진로선택과정에서 행동양식 또는 인성 양식의 중요성을 강조했다. 그는 6가지 종류의 환경뿐만 아니라 6가지 유형의 성격이 있다고 가정하고, 직업성취, 안정성과 만족은 한 개인의 성격과 직업환경 간의 일치에 달려 있다고 주장하였다. 이후 Holland와 그의 동료들이 제시한 진로안내서는 진로결정 수준을 측정하는 도구로 활용되었다. 그들이 개발한 도구는 'Strong-Campbell 의 흥미검사', '직업선호도 검사(Vocational Preference Inventory)', '나의 직업상황과 탐색(Self-Directed Search)'과 같은 직업상황에 관한 측정도구이다. 이러한 진로결정 수준에 대한 측정도구들의 개발로 진로결정 수준에 대한 연구는 더욱 활발히 진행되었다. 그리고 이러한 연구는 진로결정 수준에 대한 정보의 증가를 가져왔다. 그 결과 진로결정은 그 과정이 복잡하며 각각의 개인에게 다르고, 일회적 한 사건이라기보다는 과정의 연속이라는 견해가 지배적 이론으로 공인받게 되었다.

Gelatt(1962)은 그 과정을 '가장 가까운 미래, 중간정도의 미래와 먼 미래에 대한 결정 간의 계속적인 상호작용'이라고 하였다. Gelatt(1962)는 이러한 결정에서 좋은 선택이란 첫째, 각각의 가능한 의도와 연관된 성공 가능성이 큰 선택, 둘째, 성과의 바람직함을 고려한 선택, 셋째, 몇 가지 평가 기준의 바람직한 적용에 의한 행동을 제시했다. 이 3단계 선상에서 '결정을 했다'는 것은 '결과에 대한 책임을 기꺼이 받아들이는 것'까지를 의미하였다.

Krumboltz와 동료들은(1982) '훌륭한 선택'을 연속적인 과정으로 파악하였다. 그들은 진로결정의 최종평가는 그 결정의 결과가 실현될 때까지 지속적으로 이루어져야 한다고 주장했다. 더욱이 진로결정 수준과 관련하여, 발달주의자들은 개인의 사소한 잘못도 진로미결정이 될 수 있으며, 개개인에게 찾아오는 기회는 그 개인의 결정과정에 변화를 가져올 수 있고, 그 기회(chance)는 한 번만이 아니라 연속적으로 올 수 있는 것으로 보았다. 그들은 개인마다 진로결정 수준이 다르기 때문에 개인의 진로를 완전히 예측할 수는 없지만, 진로결정 과정을 연구함에 따라 부분적으로 개인의 진로결정 과정을 예측할 수 있으리라고 생각하여, 진로미결정의 새로운 영역과 진로결정 수준의 부족을 탐구의 대상으로 삼았다.

LoCascio(1964)는 진로미결정을 진로에 대한 지식·기술·인식의 부족이나 과업 수행에서의 무능력에서 발생하는 직업선택과정에서의 불일치로 보았다. 이 진로결정 이론은 다른 진로발달이론과 특별히 구별되는 특징을 지니고 있는바, 그는 진로결정의 '과정'(process)에 대해 보다 강한 심리학적이고 논리적인 접근을 통하여 진로행동을 설명하였다. 진로결정의 과정과 단계를 포함하여 심리학적 관점에서 이론을 전개하는 것이 특징이다(Tolbert, 1980).

진로결정이론은 전통적으로 다음의 2가지 모형(model)을 취하였다(Pitz & Harren, 1980). 첫째는 규범적(normative) 진로결정 모형이다. 규범적 진로결정 모형은 '어떻게 최상의 결정을 하는가'에 대한 골격을 시사하였다. 즉 몇 가지 규준에 부합하는 최상의 진로 결정을 위한 진행과정에 관심을 갖는다. 둘째는 기술적(descriptive) 진로결정 모형으로서 그 결정이 실제로 어떻게 이루어지는가에 대한 설명을 제공하였다. 즉 진로결정 과정 자체의 기술에 관심을 기울였다. 여기에서는 개인이 종사하고 싶거나 종사하게 될 직업을 어떻게 선택하는가에 대한 것을 알기 위해 인터뷰, 질문지 그리고 자기보고 등의 과정을 거친다(Mitchell & Beach, 1976). 두 가지 모형으로 나뉘어지는 진로결정 이론에서 중요한 것은 이들 모형의 통합적인 전개에 의하여 진로결정에 대한 실제적 지식을 얻을 수 있다는 것이다(정채기, 1991).

학자들의 진로결정 이론에서 드러난 몇 가지 공통점을 추출하면 다음과 같다. 첫째, 진로결정 이론은 진로선택에 대한 확실한 결정을 하기 위해서 출발된 개념으로서 한 사건의 분석이라기보다는 개인차를 지닌 과정의 연속이며, 한 개인의 일생에 걸쳐서 이루어진다. 둘째, 진로결정 수준이 높다는 것은 진로에 관한 정보를 탐색하고 자신의 적성과 흥미에 따라 직업을 선택할 수 있는 능력이 높다는 것을 의미한다. 셋째, 진로결정 혹은 진로미결정은 아직도 그 개념이 명확하게 정립되지 않은 모호한 개념이며, 진로결정에 대한 연구는 진로미결정 상태를 측정·분석·탐구하여 바람직한 진로결정 수준에 도달시키기 위한 의도에서 이루어지고 있다.

3. 진로결정 수준 척도(CDS)

진로교육의 최근 경향은 개인의 진로발달에 대한 측정의 필요성을 강조하고 있다. 나아가 진로발달에 대한 측정·검사 도구는 공통적으로 진로의 계획성, 진로결정 수준 그리고 진로발달에 대한 활동성 등을 평가·측정·검사하고 있으나, 여기에서 가장 중요한 대상은 진로결정 수준이다.

진로결정 수준과 관련된 연구에 가장 많이 사용된 측정도구는 Osipow와 동료(1976)들에 의해서 개발된 Career Decision Scale(CDS)이다. Osipow와 동료들은 진로결정 수준 질문지를 개발하여, 처음에는 '진로미결정(Career Indecision Scale)'이란 이름으로 명명했다(Meier, 1991).

Osipow(1987)는 CDS를 진로선택이나 진로 중재(career intervention)와 관련된 중재의 효과들을 결정하기 위한 성과의 측정뿐만 아니라 진로결정과 진로미결정을 하게 된 동기를 밝힐 수 있다고 보았다. 그리고 Harmon(1985)은 이러한 CDS를 학교교육에 도입하여 개인의 진로상담 평가 도구로 사용했다.

Osipow와 연구팀은 진로결정을 하는 데 어려움을 겪고 있는 개인들을 위해 여러 종류의 오디오 테이프를 제작했다. 상담자에 의해서 중재될 수 있는 다양한 이 오디오 테이프는 자기평가와 자기 상담연습을 위해 사용되어질 수 있는 것이었는데, Winer(1992)에 따르면, 오디오 테이프의 내용은 진로 유형보다는 미결정의 정도가 어떤지를 평가하기 위한 도구였다.

이후 몇몇 연구가들은 진로결정과 진로미결정에 따른 유형론 입장에서 CDS가 유용하게 사용될 수 있다는 견해를 피력하였다(Savickas & Jarjoura, 1991). 이러한 연구들로 인해서 CDS은 개인의 진로결정 수준에 대한 미래를 예측할 수 있는 효과적인 도구로 인정받게 되었다.

또한, 1986년에 발행된 진로결정 수준 사용설명서에 의하면 Osipow와 동료들은 신뢰도, 타당도 및 요인분석을 통해서 진로미결정 원인을 진단했다. 그 결과 첫째, 구조와 확신의 부족(a lack of structure and confidence), 둘째, 접근－접근 갈등(approach-approach conflicts), 셋째, 선호하는 선택에 대한 지각된 외적 장애물(perceived external barriers to preferred choice), 넷째, 개인적 갈등(personal conflict) 등을 진로미결정의 원인으로 진단했다.

Osipow와 동료들이(1976) 미결정 척도를 분석한 '검사－재검사' 신뢰도는 .82에서 .90으로 보고되었다. '나의 직업상황(My Vocational Situation(MVS; Holland, Daiger, & Power, 1980)'과 CDS를 비교 분석한 결과 .85부터 .90까지 상관이 있다고 보고하고 있다. Rogers와 Westbrock(1983)은 다른 방법으로 CDS와 SAT 점수 간의 구인 타당도를 검증하였다. 그 결과 두 측정도구 간에는 r＝.29(p<0.01)에서 상관이 있다고 하였다.

많은 연구가들은 성공적인 진로상담을 위해서는 CDS의 사용이 필수적임을 강조하고 있다. 진로미결정자를 조기에 진단하고 적절한 처치를 하기 위해서 고등학교에서 CDS를 활용할 것을 권고하고 있다(Davis & Horne, 1986; Osipow et. al., 1976; Taylor and Popma, 1990).

그 밖에 진로결정 수준 측정도구로는 Slaney(1988)의 직업선택 질문지(OAQ)가 있다. OAQ(Occupational Alternatives Question)는 두 부분으로 구성되어 있다. 그 첫째 부분은 "당신이 지금 고려하고 있는 모든 직업들을 열거하라"이고, 둘째 부분은 "이들 중 어느 직업이 당신의 첫 번째 선택인가?"이다. 그는 이 도구의 단순성에도 불구하고 그 결과를 분석한 결과 진로미결정과 관련하여 의미 있고 일관성 있는 결과를 나타내고 있음을 발견하였다.

그 외에 진로결정 수준을 측정하는 도구들로는 나의 직업적 현황(MVS; Holland, Gottfredson, & Power, 1980), 직업발달측정(CDI: Super, Thompson, Lindeman), 진로결정의 평가(ACDM), 진로선택 방향(CCC: Blustien, Ellis, & Devenis, 1989), 진로미결정 척도(CCIS; Larson, Toulouse, Mgumba, Fitzpatrick와 Heppner, 1994) 등을 열거할 수 있다. 이 척도들은 개인의 진로결정 요인들의 분석을 통해서 피검사자의 주관적 진로결정과 미결정, 능동적 문제해결 정도, 자기효능감의 정도, 진로에 대한 잘못된 인식 등을 개관적으로 측정할 수 있게 되었다.

또한 Jones와 Chenery(1980)는 진로결정성, 진로결정 수준에 대한 편안함의 정도, 미결정에 대한 원인 등을 측정하기 위해서 VDS(Vocational Decision Scale)를 개발하였다. 이 도구는 진로미결정 상태에 있는 다수의 사람들은 비교적 편안함을 느낀다는 Holland와 Holland(1977)의 이론을 원용하였다. 진로결정자는 명확한 정체감과 높은 진로결정능력 등을 구비하고 있으며, 진로미결정자는 불명확한 정체감과 낮은 진로결정능력과 관련이 있음을 발견하였다.

Taylor와 Betz(1983)는 진로결정 수준에 대한 자기효능감을 측정하는 도구를 개발하였다. CDMSE(Career Decision Making Self-Efficacy Scale)의 측정도구를 통해서 진로미결정의 측면에서 '구조와 확신의 부족'이 진로미결정과 어떻게 관련되는가를 알아보기 위해서 활용하였다.

이와 같이 많은 연구가들은 진로결정 수준을 측정할 수 있는 여러 종류의 척도를 개발했고, 이러한 척도를 활용하여 피검사자들의 진로결정 수준을 정확히 파악하기 위한 노력을 경주해 왔다. 그리고 이러한 여러 측정도구들은 진로결정과 진로미결정의 연속선상에서 피검사자가 어느 단계에 있는가를 객관적으로 파악하는데 유용하게 사용되었다.

B. 진로결정 수준 관련변인

진로결정 수준에 대한 연구는 진로를 결정한 학생과 결정하지 않은 학생 간의 차이를 밝히기 위해서 진행되었는바, 주로 관련변인들에 대한 연구를 그 대상으로 하였다.

진로결정 이론가들에 의하면, 일반적으로 어렸을 때 부모-자녀와의 관계, 사회적 환경에 따라서 각기 다른 태도, 흥미, 능력, 욕구충족 방식 등을 형성하게 되며, 이것이 개개인의 진로선택에 영향을 미치게 된다(Osipow &, Fizgerald, 1996; Zunker, 1994, 이현림, 2001 재인용).

진로결정 수준에 영향을 미치는 변인으로는 성(DeMania, 1999; Jackson, 1996; Super, 1957; Wiljanen, 1995), 학교(고향자, 1992), 지능(김현옥, 1989; Super, 1957), 부모의 사회경제적 배경(고향자, 1992; Jackson, 1996), 부모애착(김은진, 2000; 박수길, 2000; 이영선, 1999; Bluestein, et. al., 1991; DeMania, 1999; O'Brien, 1996), 부모와의 심리적 독립(박수길, 2000), 또래애착(이은경, 2000; Raja et al, 1992), 유전, 환경적 조건 및 학습경험(Krumboltz, 1979), 진로정체감(Holland & Holland), 불안(Berger-Gross, Kahn, & Weare, 1983; Hawkins, Bradley, & White, 1977; 박수길, 2000 재인용), 진로의사결정 자기효능감(Tayler & Betz, 1983), 자아존중감(Resnick, Fauble, & Osipow, 1970; 정채기, 1992 재인용), 자아정체감(박수길, 2000; 정채기, 1992; Bluestein, Devnis & Kidney, 1989; Bluestein & Phillips, 1990; DeMania, 1999; Wiljanen, 1995), 자기효능감(박수길, 2000; DeMania, 1999; Wiljanen, 1995) 사회·환경적 요인(고향자, 1992; 김충기, 2000; Jackson, 1996; Krumboltz, 1979; Super, 1957) 등을 들고 있다.

위의 인용에서 알 수 있는 바와 같이 한 개인의 진로결정 수준에 영향을 미치는 변인으로는 다양한 개인적, 심리적 요인들이 있다. 본 연구에서는 직업심리학 및 진로선택에 관한 연구에서 진로결정 수준과 관련이 있거나 상반된 연구결과를 나타내고 있는 변인으로 보고된 (1) 개인변인(성, 학교유형, 부모의 사회경제적 배경), (2) 심리적 변인(부애착, 모애착, 또래애착, 자아정체감, 자기효능감) 등의 변인을 중심으로 논의하고자 한다.

1. 개인변인

고등학생의 진로결정 수준과 관련된 개인변인인 성, 학교유형, 부모의 사회경제적 배경을 자세히 진술하면 다음과 같다.

a. 성

성(gender)은 인간의 심리·사회적인 성을 말한다. 성역할(gender role)이란 사회적 배경에서 남성다움과 여성다움을 외형적으로 표현하는 것이다. 성역할 개념의 특징은 다음과 같다(임용자, 1994).

첫째, 남녀성의 생물학적 특성보다는 사회·문화적 요인에 의해 결정되는 사회심리적 성이다. 둘째, 개인의 성격화 차원으로 내면화된 자아개념 또는 성격 정체감으로 정의되며, 통념화된 성에 대한 고정관념적 성격이다. 셋째, 남녀의 행동 특성 중에서 특히 사회적 역할 및 직업적 역할에 대한 개인의 지각이며, 일종의 동일시이다.

성이나 성역할에 관한 연구에서는 남녀의 생물학적 측면보다는 사회·문화적 측면과 많은 관련이 있다는 데 의견이 일치되었다. 성역할은 남성성과 여성성으로 이분되어 있다. 그러나 양성성 이론을 제안한 Bem(1975)은 남성성과 여성성 외에도 양성성(androgyny)과 미분화의 차원이 존재한다고 주장하였다.

Gilbert(1981)에 의하면 양성성 정체감을 지닌 개인들은 높은 자기존중감을 지니고 있고 심리적으로 건강하며 지적으로도 유능하다고 하였다. 그리고 양성성을 지닌 여성들은 사회적 경향이 강하다.

반면 인지이론가들은 성역할은 출생부터 남녀로 구분되고, 성장하면서 남녀의 성차를 받아들이게 되면서부터 성역할 정체감이 시작한다. 이는 아동이 자기문화의 성역할 기대를 알고, 남성다움 혹은 여성다움을 학습하기 시작하면서부터 성차가 진행된다(Trepanier-Street, Romatowski, & McNair, 1990).

사회학습이론(Social learning theory)에서는 아동이 다른 유형의 행동을 학습하는 것과 같은 방식으로 성유형 행동도 학습한다고 말하였다. 즉 가르침과 관찰, 동일시, 모델링 등을 통해서 처음부터 남아들과 여아들은 서로 다르게 사회화되어진다. 이는 성차에 따라서 기대하는 직업의 선호도가 다르게 나타난다. 여성들은 교사, 교수, 은행원, 의사, 아나운서, 간호사 등으로 남성에 비해 직업에 대한 기대나 열망이 낮게 나타난다.

Gottfredson(1981)에 의하면 사람들은 성유형에 맞는 직업을 선택한다고 보았다. 청소년들이 올바른 직업관과 직업의식을 형성하기 위해서는 성역할에 대한 고정관념에서 벗어나야 한다(이재창, 1997). 그는 1,500명의 청소년들을 대상으로 어머니의 기대, 조언, 그리고 기회제공이 청소년들의 직업 열망에 미치는 영향력을 검토하였다. 이러한 연구결과, 어머니는 아들과는 군대, 진학, 직업, 수입, 가족부양 같은 주제를 가지고 대화하는 반면에 딸과는 일과 가정생활의 조화, 행복한 결혼 등에 관해 토론하는 경향이 있었다(김병숙 외, 1999). 이러한 연구결과는 성에 따라서 부모들의 자녀에 대한 기대치가 다르게 작용하고 있다고 것을 알 수 있다. 또한 Furnham(1992)에 의하면 특정한 직업관련 요인들이 남성과 여성에 따라서 각기 다르게 평가되기 때문에 직업에 있어서 남녀 간의 차이가 유발된다.

위에서 살펴본 바와 같이 여성과 남성은 성차가 있으며, 성은 개인의 사회·문화적, 환경적 요인에 작용하고 있다. 그러므로 진로에 대해서 사고하고 결정하는 능력이 다르게 나타난다. 부모-자녀 간의 대화 내용도 성에 따라서 다르며, 개인의 사회화과정도 성과 관련이 있다.

b. 학교유형

오늘날 학교는 청소년들에게 아주 큰 영향을 미치는 곳으로 밝혀지고 있다. 왜냐하면, 발달단계 중 성장발달이 가장 활발하고 예민하게 이루어지는 아동기와 청소년기 동안에 학생들은 학교에서 대부분의 시간을 보내고 있기 때문이다. 또한 사회의 발전, 변화와 함께 형식적 교육기간이 연장됨에 따라 청소년기의 대부분도 학교에서 보내게 됨으로써 학교는 학생들의 인격형성 및 성장발달의 절대적인 영향을 주는 공간이라고 할 수 있다.

조성일(2002)에 의하면 학교환경은 감수성이 강한 시기에 있는 아동들에게 큰 영향을 미치고 있다고 보았다. 즉 아동들이 개인으로서 그들 자신, 성공하고자 하는 능력, 학업수행 능력, 어려운 상황에 대처하는 능력, 격렬한 감정과 좌절을 다루는 능력까지도 학교환경에 영향을 받고 있다.

학교환경은 "학교라는 울타리, 조직체 또는 사회체제에 있어서 학생과 교사, 직원 등 학교구성원과 이들의 심리적 특성과 행동에 직·간접으로 일정한 힘, 자극, 영향, 압력을 미치고 있는 세계"이며, 학교풍토 또는 학교문위기라고도 일컬어진다. 학교환경은 사회환경의 심리적 변인, 즉 집단의 특성과 구성원 간에 상호작용하는 인간관계와 학급의 효율성을 극대화하기 위해 취해지는 체제유지 또는 변화차원으로 이해되어져야 한다.

우리나라 고등학교는 크게 인문계 고등학교와 실업계 고등학교로 구분하고 있으며, 실업계 고등학교는 상업고등학교, 공업고등학교, 종합고등학교, 농업고등학교 등으로 구분하고 있다.

인문계 고등학교는 대학 진학을 목표로 하고 있으나, 실업계 고등학교는 성격상 완성교육으로 졸업 후 취업에 임하는 것을 교육목적으로 하여 왔다. 그러나 실업계 고등학교는 1996년부터 졸업생의 진학률이 20%를 넘어서면서부터 기존의 완성교육 중심의 실업교육에서 계속교육으로 확대하는 방향으로의 변화를 가져왔다(정철영, 1997).

실업계 고등학교에 들어오는 지원자는 자의에 의한 선택이라기보다는 오히려 일반계 고등학교에 들어갈 수 없는 능력의 학생이 모인 곳으로 인식되어 왔다. 이에 따라 학력수준이 낮고 실업계 고등학교의 교과과정을 수학할 능력이 극히 저조한 편이어서, 보통교과는 물론 전문교과의 지식이나 기능을 습득하기가 어려운 형편에 있다. 더구나 가정의 경제·사회적 배경의 열악과 그로 인해 자녀에게 기본 학교생활을 지원할만한 물질적, 심리적 여유마저도 없는 가정이 상당수 있다.

실업계 고등학교 학생들이 입학한 경우는 자신의 선택보다는 주위 환경이나 여건 때문에 실업계 고등학교에 입학한 경우이므로 '진로선택에의 도움 정도'가 낮고, 학교적응력이 낮은 것으로 조사되었다(이용환 외, 2001, 김현진 외, 2001).

위에서 살펴본 바와 같이 학교환경은 학생들에게 사회적, 심리적, 인지적 성장발달을 통한 정서적 대처능력배양, 진로탐색 그리고 교사 및 교우와의 인격적 대인관계형성 등을 향상시킬 수 장소라고 할 수 있다. 그러므로 학교유형에 따라서 청소년들의 가치관이 다르게 형성되며, 진로에 대해서 사고하고 결정하는 능력도 다르게 나타난다.

c. 부모의 사회경제적 배경(socioeconomic status)

Duncan(1961)이 사용한 사회경제적 지위 척도를 이용하여 개인의 사회경제적 지위를 측정한다. 이 척도는 직업 역할 수행에 따른 수입과 직업지위 획득에 필요한 교육 성취에 의해서 모든 직업지위를 0부터 96까지 서열을 매기어 직업지위 위계로 환산한 척도이다. 사회학 분야에서는 이러한 직업척도를 개발함에 따라 사회이동에 관한 연구가 진전되어 '지위성취과정 모형(status-attainment process model)'으로 발전하였다. 여기에 사회심리학적 변인을 투입하여 완성된 모형을 Wisconsin모형, 또는 학교교육, 직업지위 및 수입성취에 대한 학교과정화 모형(school process model)이라고 하였다.

이들 모형에서 사회경제적 지위를 측정하기 위하여 주로 이용되는 변수는 직업, 학력, 소득 등이다. 여기에서 학력과 수입 정도는 상하를 결정하기 쉬우나 직업의 상하는 결정하기가 어렵다. 물론 사람들이 각 직업에 부여하는 위광(威光)에 따른 직업의 주관적 평가와 직업 범주에 따라 사람들이 버는 소득의 정도에 의거하여 점수를 매기는 기법을 이용하여 직업의 위광(威光) 수준을 제시하기도 한다(서우석, 1994; 홍두승, 1983).

사회경제적 지위의 차이는 그에 따른 부모의 가치관, 자녀양육이나 교육태도, 언어 등과 함께 사회계층에 따른 학생특성의 차이를 가져오게 하는 중요한 요인이다. 또한 사회계층별로 지향하는 가치에 차이가 있고, 가치지향의 차이는 사회화 과정에 중요한 역할을 하여 계층에 따른 사회화 유형에 차이를 가져온다. 즉 중류가정에서는 개인이 존중되고 구성원의 자율성이 강조되므로 자녀의 요구, 흥미, 호기심이 존중된다. 반면에 하류계층의 가정에서는 자녀의 흥미, 호기심이 성인에 의해 무시되거나 억압되는 경우가 많고, 비언어적이며 명령적인 의사소통 체제와 행위의 의도보다는 결과가 중시되는 억압적인 사회화 유형의 특징을 보이고 있다.

Jackson(1996)에 의하면 대학 1학년 학생들을 대상으로 한 연구에서 가정의 월수입, 부모의 교육수준과 진로발달과 관련이 있으며, 부모가 있는 가정의 학생들이 부모가 없는 가정의 학생들보다 진로발달 정도가 높았다.

가정에서 부모의 중요성을 나타낸 연구들을 살펴보면 다음과 같다.

청소년은 부모가 많은 관심을 보이고 충분한 시간을 함께 보내며, 부모가 자신을 언제나 돕고 지원하려 할 때, 부모가 자신을 돌보고 있음을 느낀다(Amato, 1990; Gecas & Seff, 1990; Northman, 1985).

긍정적 부모의 지지는 부모, 형제자매와의 가까운 관계, 높은 자아존중감, 학업적 성공, 그리고 적절한 도덕적 발달과 관계를 유지한다. 부모의 지지 결여는 낮은 자아존중감, 낮은 학업성적, 충동적 행동, 빈약한 사회적응, 그리고 일탈적이고 반사회적 행동이나 비행 등과 관계가 있다(Argyle & Henderson, 1985).

중류층 청소년들은 더 낮은 계층의 청소년에 비해 높은 지위의 직업을 선택하는 경향이 있으며, 사회경제적 지위가 높을수록 학업수행의 수준이 더 높고, 학업수행을 더 잘하고 더 명성 있는 직업을 열망한다(Yogev & Roditi, 1987).

부모의 직업은 청소년의 직업의식화에 큰 영향력을 행사한다. 어린 시절부터 청소년들은 자신의 부모가 종사하고 있는 직업에 관해 보고 듣게 되며, 때로는 부모들이 자신이 일하는 곳에 청소년을 데리고 가기도 한다. 또 어떤 때는 청소년에게 일을 돕도록 시키는 경우도 있는데, 이때 아이들은 부모로부터 도제식(徒弟式) 교육훈련을 받는 셈이 되고 그 일에 친숙감과 적응력을 키우게 된다.

그리고 가정의 구조 또한 청소년의 진로발달을 위한 중요한 요소이다. 예를 들면 어머니가 밖에 나가 일을 하면서 일에 대해 열심이고 자부심을 가지고 있는 경우 자녀의 진로선택에 더 강력한 영향을 미치게 된다. 아버지만 직업을 가지는 경우와 달리 부모가 모두 직업을 가지고 있다면 청소년들은 부모 모두로부터 직업의식 형성에 영향을 받게 된다. 가난한 가정 출신의 청소년은 중산층 청소년들에 비해 학교교육을 받을 기회가 제한된다. 따라서 그들은 높은 학력이 요구되는 전문적인 직업을 가질 가능성이 적다. 그래서 때로는 이러한 구조적인 제약을 포기하고 스스로 육체 노동직을 선택하기도 한다(김병숙 외 1999).

부모에 대한 계속적인 동일시의 결과로 부모의 직업과 동일한 직업을 선택하는 사람도 있다. 그들은 개인적 평가나 노력에 의해 직업을 선택하는 것이 아니라, 무조건 부모의 직업을 택하거나 또는 부모의 강요에 의해서 선택한다. 그러나 개인의 직업을 통합된 정체감의 일부분으로 규정하는 사람들은 자신의 기술, 기질, 가치관 그리고 미래의 목표에 대해 의문을 제기하고 탐색하며 자기평가 과정을 거친 다음에 직업을 결정한다. 그들은 부모의 직업과 동일한 직업을 선택할 수도 있고 다른 종류의 직업을 선택할 수도 있다(장휘숙, 2000).

위에서 살펴본 바와 같이 부모의 사회경제적 배경인 부모의 직업, 학력, 가정의 월수입은 학생들의 진로결정에 유·무형적으로 영향을 미치고 있다. 청소년들이 어렸을 때부터 부모로부터 보고 듣는 직업은 학생들에게 전이되어 학생들의 진로선택에 영향을 미치고 있음을 알 수 있다.

2. 심리적 변인

고등학생의 진로결정 수준에 영향을 미치는 심리적 변인들을 자세히 설명하면 다음과 같다.

a. 부모와의 애착

부모와의 애착(attachment)이란 Bowlby(1973, 1982)가 아동의 초기발달에 대한 모성 결핍의 영향에 관해 설명하면서 개념화되었으며, Ainsworth(1979)에 의해 확장된 개인의 특성이론이다. 애착 연구 초기에는 영아와 양육자 사이에서만 형성될 수 있다고 생각되었으나, 최근에는 전 생애 동안 부모-자녀관계뿐만 아니라 부모 외의 타인, 즉 또래 관계, 형제관계 그리고 성인기에 이르러서는 배우자나 연인과의 관계에서 나타나는 정서적 애정적 유대감이라는 개념으로 확장되었다. 이처럼 애착 개념이 확장된 것은 초기 부모-자녀 관계에서의 애착경험이 자기개념과 타인에 대한 기대감에 영향을 미침으로써 전 생애에 걸쳐 지속적으로 작용하기 때문이다. 그러므로 청소년기와 성인기에까지 친밀한 관계를 형성하면서 개인의 정서적, 사회적 적응에 영향을 줄 수 있다(Ainsworth, 1982; Wiljanen, 1995).

애착이론은 생물학적, 사회과학적인 여러 중요한 경향들로부터 나왔는데, 초기 정신분석적 방향이 동물행동학의 생물학적 분야와 통합되었고, 신화본석 맥락 내에서 행동을 보였다. 애착행동체계는 유아의 행동을 동기화시키는 4개의 행동 통제체계 중 하나로, 유아로 하여금 애착대상에 대한 근접성 추구를 동기화 시키는 외적 목표와 안정성을 추구하려는 내적 목표를 가진다. 이러한 '내적 실행 모델(internal working model)'은 개인이 사회적 상호작용에서 타인의 행동을 예측할 뿐만 아니라 목표를 성취하기 위한 행동을 계획하는 데 사용하는 지도 또는 계획과 비슷하다고 하였다. 내적 실행 모델은 외부세계와 다른 사람들, 그리고 자신과 특별한 관련이 있는 다른 사람들과의 '관계'의 측면에 대한 정신적 표상이다(Bretherton, 1992).

Bowlby(1973)에 의하면 생후 1년 동안 양육자와의 경험을 통해서 내적 실행 모델의 기초가 형성되며, 각 개인은 각자가 형성한 내적 실행 모델을 바탕으로 사건을 지각하고 해석하며 미래를 예상하고 그에 따른 행동을 계획하게 된다.

어머니에 대한 근접성과 어머니의 반응에 대한 아동의 기대는 아동의 내적 표상에 통합되어져 후일 사회적 관계에서의 행동과 감정에 영향을 주게 된다(Ainsworth, 1982). 즉 부모와의 유대 관계는 정서적 지지와 친밀감을 지속적으로 제공함으로써 전 생애를 통해 인간 발달을 촉진하고 강조한다.

Lopez(1993)에 따르면, 이러한 '내적 실행 모델'은 특히 성인으로 전이하는 과정에서 스트레스 기간 동안 활성화되는 경향이 있으며, 부모와 청소년기의 유대 관계를 통해 애착은 정서적 친밀감을 제공함으로써 전 생애를 통해 인간 발달을 촉진시킨다. Guidano(1987)의 인지발달 관점에 의하면, 애착 패턴은 자아개념을 형성하며 자아 안에서 자신의 환경을 탐색한다. 따라서 안정된 애착은 적절한 탐색 활동을 촉진하며, 잠재되어 있는 부정적인 결과들에 대하여 아이가 성공적으로 처리하는 능력을 가지게 한다. 즉 아동기의 주요 애착관계가 만족스럽고 정서적 안정을 제공받은 사람들은 그들 자신을 사랑스럽게 생각하고 다른 사람과의 긍정적인 상호작용을 기대하며 친밀한 관계를 가치롭게 여긴다. 그러나 아동기 때 거부와 냉대를 경험했던 사람들은 그들 자신을 사랑받을 가치가 없는 사람으로 여기며, 심한 거부를 자아내는 행동을 한다.

이와 관련하여 부모–청소년 간의 애착관계가 청소년발달을 이해하는 중요한 맥락이 될 수 있다는 이론하에 애착은 아동기를 넘어 청소년을 대상으로 연구되기 시작했다(Armsden & Greenberg, 1987; Bell, Avery, Jenkins, Feld., & Schoenrock, 1985; Kenny, 1987, 1990).

성인을 대상으로 한 연구에서도 안정애착 유형은 유아기에 가족과 긍정적인 관계를 형성하였고 다른 사람을 신뢰하는 성향을 나타냈으며, 회피형은 아동기에 부모와 떨어져 산 경험을 가지고 있는 사람들이 많았다. 불안애착 유형은 타인에 대한 신뢰감이나 헌신의 정도가 낮고 성인이 된 후에도 다른 두 유형의 사람들에 비해 부모를 믿지 못하는 성향을 나타내었다.

장휘숙(2000)의 연구에 의하면 아버지와 어머니에 대한 애착은 중학생들이 고등학생보다 더 강하고, 여학생들이 남학생들보다 더 강한 양상을 나타내었다. 연령에 따른 변화패턴에서도 남녀 간에 차이가 있었음에도 불구하고, 남녀 학생 모두 부모를 중요한 애착 대상으로 인식하고 있었다. 더욱이 대학생들은 가족과 물리적으로 떨어져 생활하고 있는데도 여전히 그들의 부모를 안전기지로 활용하고 스트레스 상황에 처하면 부모의 도움을 구하는 전형적 애착 행동을 나타냈다.

그리고 애착이론은 진로발달에 중요한 요인으로 작용하고 있다 (이영선, 1999; 박수길, 2000; Hazan & Shaver, 1990; Rice, 1990).

진로발달에서 애착연구는 애착과 진로탐색이라는 개념적 연결에 있다. 애착연구에서 진로탐색(career exploration)은 개인이 주도하는 결정과 더불어 물리적, 사회적 상호작용과 새로운 사회적 규칙으로 개입해 들어간다. 전 생애를 통해 일어나는 진로탐색은 외적인 세계와 관련하여 기술을 발달시키고 배우는 데 도와주는 행동적 체계이다(Bowlby, 1982). 성인 세계로 접어드는 청소년기의 아동은 새로운 역할과 다른 장면에 대해 정서적으로 도전적인 탐색을 하게 된다.

행동심리학에서도 인간의 행동은 일반적으로 새로운 환경을 향해서 도전하고 탐색하며, 이 탐색적 행동은 미래 세계와 사회적 경쟁에 관한 지식수준을 증가시킨다. 지식에 관한 탐색적 행동은 자신감을 증가시키고 더 총체적인 새로운 환경에 자기자신을 적응시키는 의지로 작용한다. 청소년들이 진로탐색에 대해 추론하는 것은 부모와의 안정된 애착경험에 의해서 이루어진다(Blustein et al., 1995). 위에서 말하는 새로운 환경이란 곧 진로의 세계를 말하는데, 종종 친숙하지 않은 장에서 새로운 일을 시작한다. 부모와의 안정적 경험은 진로발달을 촉진시키는 중요한 변인으로 작용하며, 내적인 심리적 영역을 촉진한다.

어머니의 교육수준과 가정의 소득에 따라 어머니의 애정적 양육 행동이 다르게 나타날 수 있다는 연구결과(Brown, 1987) 등과 같이 부모의 애착 변인은 아동의 사회적 능력에 직·간접적으로 영향을 미친다. 즉 교육, 직업포부 등의 자아개념은 가족과의 관계에 따라 다르게 형성된다. Harren(1979)도 진로선택과 관련하여 미결정적인 입장부터 결정되는 과정까지는 여러 가지 맥락적 요인인 가족관계 및 부모-자녀 간의 애착관계에 영향을 받는다.

위에서 살펴본 바와 같이 애착은 아동기에서 성인기까지 전 생애에 걸쳐서 이루어지므로, 청소년기인 고등학생들은 성인기로 이동하는 과정에서 애착이 자연스럽게 형성된다. 부모-자녀 간의 안정적 애착관계는 청소년들에게 심리적 안정을 유지하며, 청소년기 및 성인기에 자아정체감 형성에 도움을 주고, 나아가 진로결정을 향상시킬 수 있는 요인으로 작용하고 있음을 알 수 있다.

b. 또래애착

청소년의 사회적 환경요인에서 가장 직접적인 관계는 가족이다. 그러나 청소년은 학교에서 학급 친구들을 포함한 진한 친구들과 대인관계를 형성하면서 자신의 사회적 세계를 넓혀 나간다. 청소년들은 이 시기에 가족과 함께 보내는 시간보다는 친구들과 보내는 시간이 보다 많을 정도로 친구와의 관계는 청소년의 발달에 중요한 영향을 미치고 있다. 친구와의 관계는 부모나 형제 등의 혈 연관계와는 달리 자발적 상호의존적인 관계라는 새로운 대인관계로써, 이는 가족원으로부터 제공받는 사회적 지지와는 다른 성질의 사회적 지지를 제공하는 중요한 사회원이라고 할 수 있다. 청소년기에 또래와의 안정적인 애착은 긍정적 자아정체감을 형성하여 자아개념 발달에 정적인 영향을 주고 있다.

청소년의 발달과업에서 중요한 관계패턴이 부모와의 의존관계에서 또래에 대한 의존관계로 변화할 수 있어야 하며, 개별화를 위해서는 보다 상보적이고 동등한 관계로의 전환이 이루어져야 한다.

박아청 외(1996)에 의하면 청소년은 친구들과의 상호작용을 통해서 나이에 맞는 지능과 흥미를 발달시키고 비슷한 문제와 감정을 공유하는 기회를 갖는다. 이러한 경험의 대부분은 친구와의 관계에서 이루어진다. 청소년은 학교나 사회에서 가정환경 배경이 서로 다른 친구들을 만나고 그들과 상호작용을 하면서 각기 다른 문화를 흡수하여 평준화를 이루며 성장, 발달해 간다. 특히 청소년기에 형성되는 긍정적, 부정적 친구 관계는 미래 성인기에 대인관계와 정신건강 및 비행행동 등의 적응문제와 밀접한 관련이 있다.

Simpson(1962)에 의하면 비록 가난한 가정 출신일지라도 청소년이 높은 지위를 추구하는 친구와 부모를 가졌을 때, 그들 또한 높은 지위의 직업을 추구하는 경향이 있다는 사실을 밝히고 있다. 한편으로는 부모의 영향력이 줄어드는 청소년의 경우에는 특히 또래의 영향력이 증가한다(정영숙외, 2001).

위에서 살펴본 바와 같이 또래집단은 청소년의 직업선택에 영향을 미치고 있다. 청소년시기에는 부모와의 애착에서 또래애착으로 전환되며, 부모와의 애정적 애착관계를 가진 청소년들이 또래애착도 애정적 관계를 가지고 있다. 이는 청소년들에게 또래집단은 학문지향이라든지 일탈지향 같은 강력한 하위문화를 형성함으로써 간접적으로 직업선택에 영향을 미치고 있음을 알 수 있다.

c. 자아정체감

자아정체감(ego-identity)이란 용어를 가장 먼저 사용하고, 이론적 발전과 실제적용에 큰 공헌을 한 사람은 Erikson(1959)이다. 사람들이 어떻게 사회 속에서 살아가는가를 탐구하면서 그의 이론을 전개시켰으며 부분적으로는 Freud의 인성발달 이론을 포함하였다. Freud는 한 개인의 발달을 성적 측면에서 보고자 하였으며, Erikson 은 개인을 사회 속에서 바라보는 심리·사회학적 접근으로 보았다. 그의 이러한 접근은 인간의 발달단계에서 나타나는 위기와 이를 해결하는 걱정을 포함하며 특히 청소년기에 있어서는 '나는 누구인가?', '나는 무엇을 할 수 있는가?'에 대한 의문을 제기하고 그 해답을 얻기 위하여 노력하는 시기라는 것이다. 이와 같은 정체감 형성은 개인의 성역할 정체감 및 직업선택 문제와 밀접한 관련이 있음을 나타내고 있다.

Erikson(1968)에 의하면 청소년기 동안에는 급격한 신체적 변화와 더불어 인지적, 심리적 변화에 영향을 미친다. 그리고 사회적 변화에 대한 적응 등으로 아동기까지 형성된 자아의식과 상반되는 또 다른 자아상(self-image)이 모색되면서 장차 한 사람의 성인으로서 자신이 갖게 될 통합된 일반적 자아를 형성하고 추구하게 된다. 그는 이러한 통합된 자아의 형성과정을 자아정체감과 정체감 혼돈 간의 위기로 개념화하고 있다. 그는 자아정체감의 개념 규정의 어려움을 언급하면서 객관적 측면과 주관적 측면으로 분리하여 설명하였다(Erikson, 1980). 자아정체감의 객관적 측면은 심리·사회적 정체감(psycho-social identity)이라고 명명하고, 개인과 관련된 집단과의 일체감 및 귀속감을 뜻한다. 그리고 심리·사회적 정체감은 개인의 심리·사회적 내적인 총체와 그 집단에서 역할통합의 상보성에 의존한다. 반면에 주관적 측면은 개별적 정체감이라고 명명하고, 개인적 정체감(personal identity)과 자아정체감으로 구분하여 설명하였다. 개인적 정체감이 시공을 초월해서 자신의 존재에 대한 동일성과 연속성을 지각하는 힘이라면, 자아정체감은 개인적 정체감을 포괄하는 힘이다. 즉 자아정체감은 자신의 동일성과 연속성을 뛰어넘어 존재에 대한 '자아의 질(the ego quality)'을 인식하게 하는 힘이다.

그리고 Erikson에 의하면 어린이가 다른 사람과 자신에 대해 기본적 신뢰를 발달시키면서 자신 행동에 대한 자기통제와 책임감에 대한 자율적 의지를 발달시킬 수 있다. 이러한 자율은 삶에 있어서 동기와 목적을 발달시키도록 하고 생산적인 기술과 능력을 충족한다. 이러한 발달단계가 완성되면 청소년은 자신과 남에게 진실한 성향을 갖게 하는 자아에 대한 일관적인 정체성을 확립한다. 이렇게 아동기와 청소년기에 만들어진 기초적인 정체성은 성인이 타인에 대한 친밀성, 배려성 및 기본적인 성실성을 발달시키도록 해준다(Nugent, 2000).

Dignan(1965)에 의하면 자아정체감은 어떤 메커니즘에 의해 미리 형성되는 것이 아니라 사회적 상호활동을 통해 형성되는 것으로 성장과정에서 자기를 비추어 볼 수 있는 대상으로부터 반영되는 종합적인 자기 상 또는 자기를 묘사해 주는 참조적 심상들(self-referent images)의 복합을 의미한다. 이를 나타낼 수 있는 요인으로 안정성, 목표지향성, 자기감각, 독특성, 자기수용, 대인역할기대, 대인관계 등을 들 수 있다.

Waterman(1982)에 의하면 자아정체감을 드러내 줄 수 있는 일곱 가지 개념으로 자기에 대한 정의를 명확히 내리는 것, 인생의 목표, 가치, 신념에 대한 결정, 결정한 것의 이행을 위한 실제적 활동, 자기수용의 정도, 각 개인의 독특성에 대한 감각, 정체감을 갖기 위해 여러 대안 중에서 하나를 찾기 위한 탐색, 자신의 미래에 대한 확신을 말하고 있다.

Marcia(1966)는 자아정체감은 여러 가지 충동, 능력, 신념 및 개인의 생활사 등 자체 발생적인 내적, 역동적인 체계인바, 이는 곧 '자기구조'라고 정의하였다. 네 가지 유형의 기본적 정체감 상태를 보여주었는데 정체감 혼돈, 정체감 유실, 정체감 유예, 그리고 정체감 성취로 보았으며, 자아정체감을 형성하는 요인은 개인·가정·

사회·학교체제 등 다양하다(Marcia, 1980; Waterman, 1982).

Adams와 Campbell 등(1984)은 Marcia의 네 가지 정체감 상태와 부모의 특성과의 관계를 다음과 같이 정리하였다.

첫째, 정체감 혼란 상태의 청소년들은 거부적이고 애정 없는 가정의 자녀들이다. 그들의 가정은 부모의 별거나 이혼에 의해 아버지가 없거나 아버지와 함께 생활한다고 할지라도 자녀를 거부하는 아버지를 갖는다.

둘째, 정체감 유실 상태의 청소년들은 아동 중심적이긴 하지만 자녀를 부모의 소유라고 생각하는 가정의 자녀들이다. 부모는 자녀를 격려하고 지원하나 자녀의 개인차를 인정하지 않으며 가족의 가치와 신념에 일치하도록 강요한다.

셋째, 정체감 유예 청소년들의 가정은 가족구성원들의 자율성과 자기표현을 인정하며 개인차를 격려한다. 정체감 유예 청소년들은 가족으로부터 독립하기 위하여 노력한다.

넷째, 정체감 성취 청소년들은 자녀를 격려하고 칭찬하며 가능한 한 많은 자유를 허용하는 가정을 갖는다. 그들의 부모는 자녀들에게 최소한의 통제를 가한다. 정체감 성취 청소년들은 부모와 긍정적인 관계를 유지한다.

반면 Tiedman(1961)에 의하면 진로발달이 자아와 관련된 위기를 극복해 나감에 따라 전반적인 인지발달과정 내에서 발생한다. 이 이론에서는 자아정체감의 발달을 진로발달과정에서 가장 중요한 것으로 보았으며, 자아정체감이 발달하면서 진로의사결정 능력이 향상된다.

위에서 살펴본 바와 같이 자아정체감은 시간의 흐름에 따라 자기의 본질을 발견할 수 있는 능력으로 '나는 누구인가', '나의 존재는 어떻게 증명할 수 있나', '나는 주체적인 존재인가' 등의 질문에 대한 의식적인 자각으로서, 고등학생들이 이상과 행동 및 사회적 역할을 통합할 수 있는 자아의 성숙된 단계를 의미한다.

자아정체감은 개인이 사회적 상호작용을 통해서 대인관계, 개인의 안정성 등을 발달시키고 있으며, 진로결정에 영향을 미치고 있음을 알 수 있다.

d. 자기효능감

1964년 초에 심리학자들은 행동유발에 영향을 미치는 심리적 요인에 초점을 두었다. 이것은 Bandura의 사회인지이론에서 발전된 것이다. 사회인지이론의 기본전제는 인간의 행동은 자기조절체계(Self-regulatory system) 속에서 이해되어야 한다(Bandura, 1986a).

Bandura에 의하면 자기조절체계는 개인의 인지적, 정의적 구조 속에 내재되어 있는 자기체계(Self-system)로서 들어오는 자극을 상징화하고, 타인으로부터 배우며, 다양한 전략들을 계획하고, 자신의 행위를 조절하며, 자기를 반성적으로 사고하는 능력이다. 사회인지이론에서는 또한 개인의 지각과 행위 간의 관계를 중재하는 동기 요인으로 자기참조적 사고(Self-referent thought)를 제시하였다. Bandura

가 제시하는 자기참조적 사고는 자기효능감(Self-efficacy)이다.

Bandura(1977)에 의하면 이 초기 이론들을 확장해서 심리학적이고 행동주의적 변화를 설명하고 예측하기 위한 모형을 개발했다. 그는 인지과정이 새로운 행동 유형의 습득과 보유에서 현저한 요소들을 만든다.

Bandura의 이 모형에 대한 원형은 개인의 행동은 개인에 의한 인지과정을 통해 발전하고 환경에 의한 외부의 사회적 자극을 통해 통제된다. 그는 행동은 환경에 영향을 받으며, 자아조절 메커니즘은 개인의 능력과 과거의 성취들 간에 복잡한 상호작용의 체계 내에서 결정된다. 자기효능감은 자아체제의 역동적인 면이고 행동 변화를 시작하기 위해 필요한 중요한 동기유발요소이다(Bandura, 1986b).

Bandura(1986b)에 의하면 자기효능감은 행동이 어떻게 시작되었는지, 그 행동을 유지하기 위해 얼마나 많은 노력이 소비되었는가, 그리고 장애에도 불구하고 행동이 얼마나 오래 지속되는가 등에 대한 결정적 요소이다. 그는 자신의 자기효능감의 이론을 확장해서 자기효능감과 인간관계에 대한 설명을 포함했다.

자기효능감은 한 개인의 성격구조 특징이나 요소가 아니다. 대신에 자기효능감은 인성의 역동적 양상이다. 그는 자기효능감은 그것이 개인-환경 상호작용과 개인의 독특한 특징에 의해 영향을 받기 때문에 인성 또는 성격구조가 쉽게 변한다. 자기효능감의 정확하고 강한 기대는 행동의 출발에서 성취까지 성공의 결정적 요소가 된다. 부가적으로, 그는 개인의 자기효능감 기대감에 대한 영향을 제시하고 있다. 그들이 자신의 수행에 대해 평가한 결과는 긍정적이거나 부정적인 감정을 수반한다. 이때 긍정적인 정서반응은 자기효능감을 증진시킨다. 이렇게 증진된 자기효능감은 후속적인 목표설정과 자기조절 기능에 긍정적인 영향을 주게 된다.

자기효능감과 관련된 다른 개념으로 목표와 관련된 과제수준 선호를 포함시킬 수 있다. 자기효능감이 높은 사람일수록 도전적이고 어려운 목표를 선호한다(Schunk, 1991). 높은 목표는 높은 수행을 가져오고(Loke & Latham, 1990), 결과는 긍정적인 정서반응으로 나타나 다시 높은 효능감을 갖게 하는 긍정적 순환 속으로 들어간다. 과제수준 선호는 자신이 통제하고 다룰 수 있다고 생각하는 도전적인 과제를 선택하는 과정을 통해 표출된다(Bandura, 1993).

Vroom(1964)은 행동에 대한 자아개념과 자아기대감의 효과를 조사했다. 그의 인지적 동기유발 이론은 개인들이 그들의 삶 속에서 미래 사건들에 대해 믿음과 기대를 가지고 있다. 더욱이 이러한 기대들은 긍정적이거나 부정적인 성과들을 향하여 정서적으로 영향을 미친다. 그는 행동의 성과에 대한 믿음이 궁극적으로 동기유발에 영향을 미친다. Lawler(1973)는 개인의 행동결과는 긍정적 성과를 만든다는 가정에 의존하기 쉽다는 Vroom(1964)의 연구를 지지했다. 그는 계속해서 행동에 영향을 주는 두 가지 유형의 기대를 확인했다. 그것은 노력(Effort)은 성취(Performance)를 낳고, 성취(performance)는 결과(output)를 낳는다.

예를 들면, [E→P]: 노력(Effort)→성취(Performance), [P→O]: 성취(Performance)→O(Output)이다. E→P는 개인이 의도된 과업을 성취할 수 있는 가능성을 평가하며, P→O는 적합한 성취가 바라는 성과를 낳는다는 개인의 주관적인 가능성 평가를 나타내고 있다 (Herr & Cramer, 1988).

Hackett(1992)에 의하면 자기효능감은 바람직한 결과나 행동을 만들어내는 자신의 능력에 대한 판단으로 정의했다. 그는 자기효능감은 인간행동을 변화시키기 위한 중요한 매개변인이다.

Bandura(1993)에 의하면 자기효능감은 어떤 상황에서의 자신감 (Self-confidence)이며, 자기가치(Self-worth)에 대한 평가결과 얻어지는 자존감(Self-esteem)과는 구별된다. 일반적으로 자신감이란 자기의 가치와 능력에 대한 개인의 확신 또는 신념정도이다. 따라서 자신의 능력에 대한 개인의 확신정도는 능력을 요구하는 행위를 할 때 얼마나 잘 할 수 있을 것이라는 효능감에 의한 판단을 결정하게 된다. 이러한 자신감은 자신의 능력에 대한 인지적 판단과정을 통해 표출된다.

위에서 살펴본 바와 같이 자기효능감은 개인 스스로 상황을 극복할 수 있고 자신에게 주어진 과제를 성공적으로 수행할 수 있다는 신념이나 기대감이다. 자기효능감은 아동의 자아인지 발달은 물론 아동의 성취 지향적인 행동과 밀접한 관계가 있다. 높은 자기효능감은 긍정적인 자아인지를 촉진하고 지속적인 과제지향적 노력을 하게 하여 높은 성취수준에 도달하게 하나, 낮은 자기효능감은 부정적인 자기평가를 하여 자신감이 결여되고 성취 지향적 행동인 진로선택에 영향을 미치고 있음을 알 수 있다.

C. 진로결정 수준과 관련변인 간의 관계

본 절에서는 개인변인, 심리적 변인 및 진로결정 수준 간의 관계에 대해서 서술하고자 한다.

1. 성과 자아정체감

진로발달에서의 자아정체감은 직업정체감에 초점을 맞추어 연구되어졌다. 직업정체감을 향상시키기 위한 요인들로는 종교적 신념, 성역할 태도, 성역할 가치, 가족의 역할 등이 강조되었다(Archer & Waterman, 1983).

Grotevant와 Thorbecke(1982)은 남녀 고등학생들의 직업정체감 형성에 있어서 성의 차이를 탐색하였다. 남고생들은 남성적인 성역할과 성격 특징과 관련이 있었다. 그러나 여고생들은 남성다움과 열심히 일하는 것에는 관심이 있었으나 경쟁하는 것에는 관심이 없었다. 전체적으로 40% 이상의 학생들이 자아정체감 성취수준에 있었다. 직업정체감 형성의 질은 남녀 간에 차이가 있었지만 그 과정은 남녀 간에 차이가 없었다.

송설희(1993)에 의하면 대학생의 자아정체감을 남녀별로 비교해 본 결과 유의한 차이가 없는 것으로 나타났다. 단지 하위 영역 중 종교관에서는 여자가 남자에 비해 더 높은 자아정체감을 보여주고 있으며, 이성교제는 남자 대학생들이 여대생에 비해 더 진전된 자아정체감을 나타내고 있었다. 박경란(1998)에 의하면 남녀 고등학생 집단 간의 전체 자아정체감에는 유의한 차이가 없었고, 8가지 하위 요인 중에서 자기수용과 자기주장 측면에서 남학생이 더 높게 나왔다. 이 연구는 여학생들이 과거에 비해 자아정체감은 높아졌으나 아직도 내면적 의식변화에 머물러 있음을 시사하고 있다. 또한 고등학교 1학년보다 2학년의 자아정체감이 더 높게 나왔다.

또 다른 연구에서는 자아정체감 형성이 남녀 간에 차이가 있다고 하였다.

Marcia(1966)는 여성과 남성은 성역할의 차이로 인해서 자아정체감이 다르다고 주장하고 있다. 그는 자아정체감을 연구하기 위해서는 진로탐색, 자아평가, 성차이, 성역할 사회화와 연관시켜 연구해야 한다는 견해를 피력하였다. 그는 정체감 탐색과정에서 남성의 주 관심사는 직업과 관념의 문제인 데 반해 여성의 관심은 결혼과 양육에 관한 것이라는 결론을 도출하였다. 김희영(1986)은 중·고등학생들의 자아정체감 수준에 관한 연구에서 남학생보다는 여학생의 자아정체감이 높게 나타났다는 견해를 선보였다. 이러한 주장은 정체감 발달의 성차를 제시하는 것으로서, 그 이후 많은 연구자들이 이에 관심을 나타내었다. 그 결과 남성의 정체감 형성은 자율성과 독립성의 문화적 기대를 반영하는 데 반해, 여성의 정체감은 사람 간의 관계성과 친밀성을 반영한다는 사실을 확인하였다(Archer, 1985).

Archer(1992)는 12학년 남학생 전체는 진로-가족 문제에 대해 '무관심(75%)'이거나 '약간 관심(25%)'으로 나타났지만, 여학생의 경우 정반대의 결과가 나타났다고 하였다. 그러므로 대부분의 문화권에서 정체감 형성의 남녀 차이는 존재하지 않지만(Costa & Campos, 1992), 진로와 가족 분야는 대체로 여자들이 높은 관심을 나타내는 분야로 볼 수 있다(김남선외, 2002).

이상의 연구들을 종합해 보면 성에 따라 정체감의 차이가 없다는 견해와 함께 성에 따라서 서로 다른 정체감을 형성한다고 하는 연구가 병존하고 있음을 알 수 있다.

2. 성과 자기효능감

성에 대한 연구는 진로선택에서 중요한 요인 중에 하나이다. 그런 만큼 성과 자기효능감의 관계에 대한 연구도 많이 이루어졌다. 성차는 자기효능감에 영향을 주고 진로행동에 커다란 영향을 준다. 진로선택과 적응과정에 필요한 폭넓은 행동을 제시해주고 있다(Nancy E. Betz & Gail Hackett, 1986).

Hetz와 Hackett(1986)에 의하면 남성의 직업에 대해서는 여성들이 낮은 효능감을 가지고 있고, 여성의 직업에 대해서는 남성들이 전통적으로 낮은 효능감이 있음을 제시하면서 자기효능감에는 성차가 있다.

그 밖의 연구에서도 직업에 관련된 자기효능감에서 성차를 발견했다(Campbell & Hackett, 1986; Post-Kammer & Smith, 1985). Betz와 Hackett(1981)에 의하면 자기효능감은 여성의 유일한 진로발달을 설명한다. 남자와 여자는 진로 선호도에 차이가 있으며, 여성은 가사와 관련되어 남성 위주의 진로에 대해서는 자기효능감을 덜 갖고 있다.

Hack과 Betz(1981)에 의하면 여성들 사이에서도 자기효능감에 차이가 있다. 낮은 자기효능감을 지니고 있는 여성들은 진로변화 뿐만 아니라 진로선택에도 제약을 받는다. 또한 성취에 대한 보상을 남성과 동등하게 받지 못하는 작업환경에서 일하는 여성은 자기효능감 개발에 방해를 받게 된다. 더구나 자기효능감은 선택권의 제한과 자신의 능력을 십분 발휘하지 못하는 경험 등에 의해서 영향을 받게 된다. 그래서 낮은 수준의 효능감을 가지고 있는 여성들은 진로결정을 포기하거나 지연 혹은 회피하는 경향이 있다.

양은주(1999)에 의하면 여성의 진로결정 과정은 남성과 다른 독립적인 과정이며, 가정과 진로의 다중역할 간 갈등과 낮은 직업관련 자기효능감은 여성의 진로결정에 영향을 미치는 중요한 요인이다.

남미숙(1998)에 의하면 남성중심 직업에서는 남학생이 높은 진로 자기효능감을 보이고 여성 중심 직업에서는 여학생이 높은 진로 자기효능감을 보였다. 연구결과를 토대로 여성의 사회화 과정이 진로 자기효능감 형성에 잠재적인 영향을 미칠 수 있다.

또 다른 연구에서는 자기효능감 형성이 남녀 간에 차이가 없다고 하였다. Bores-Rangel 등(1990)에 의하면 대학생들을 대상으로 성, 진로 자기효능감 및 진로결정 수준 간의 관계를 연구하였는데, 성별과 진로 자기효능감 수준 사이에는 의미 있는 결과가 나타나지 않았으며, 진로 자기효능감과 진로결정 수준 간에는 의미 있는 관계를 보이고 있었다. Gillepsie와 Hillman(1994)에 의하면 남성 위주인 직업과 여성 위주인 직업에 대한 자기효능감이 성별에 의해서 조절되었다.

Kelly(1993)는 중학교 3학년부터 고등학교 2학년 학생 186명을 대상으로 성과 직업, 성과 자기효능감 간의 관계에 대한 연구를 하였다. 그는 여성적인 직업 세 가지(초등학교 교사, 경제학자, 비서)와 남성적인 직업 세 가지(행정가, 기술자, 경찰)에 대한 남녀 간의 자기효능감에 대한 변화를 설명하면서 성이 관여하고 있다. 남학생들은 남성위주의 직업에 대해서 여학생보다 더 높은 자기효능감을 가지고 있었고, 여학생들은 여성위주의 직업에 대해서 남학생보다 더 높은 자기효능감을 가지고 있었다.

이상의 연구들을 종합해 보면 성차에 따라 효능감의 차이가 없다는 견해와 함께 성에 따라서 서로 다른 효능감을 형성한다는 연구가 병존하고 있음을 알 수 있다.

3. 학교유형과 자아정체감

청소년들의 경우 하루 대부분의 일과가 학교생활에서 이루어지므로 학교생활은 청소년기의 삶 그 자체라고 할 수 있다. 또한 가정의 교육적 기능의 약화로 인해서 학교의 기능은 더욱 높아지고 있다. 청소년들은 학교에서 보내는 시간이 길어지면서 청소년들은 학교로부터 영향을 받지 않을 수가 없다. 청소년들은 하루의 일과를 학교에서 보내는 시간이 많으므로 한 개인의 정체감 형성에 영향을 미치고 있다.

이재창(1981)에 의하면 같은 학생집단끼리 비교해 볼 때 정규학교에 다니고 있는 집단보다 산업체부설학교 집단의 자아정체감이 낮게 나타나고 있는데, 이는 정규학교 학생들과 산업체부설학교 학생들의 생활배경과 가정의 사회경제적 지위의 차이에서 오는 결과이다. 조수연(1982)에 의하면 우리나라 고등학교의 분화체제 즉 인문계 고등학교와 실업계 고등학교에 따라 자아정체감에 차이를 보이고 있었다. 이와 같은 연구결과는 인문계 고등학교 학생들은 자기에 대하여 긍정적인 자아정체감을 형성하는 경향이 있고, 실업계 고등학생들은 부정적 자아정체감을 형성하는 경향이 있다. 최양임(1993)의 가정환경과 청소년 자아정체감 형성 간의 상관관계 연구에서 가정환경과 자아정체감 형성에 있어서 인문계와 실업계, 남학생과 여학생 간의 뚜렷한 차이와 더불어 종교교육의 문제점도 지적해 주고 있다. 장진오(2000)에 의하면 자아정체감은 인문계 고등학교, 직업전문학교, 실업계 고등학교 학생 순으로 평균 점수가 높게 나타났다.

　이상의 연구들을 종합해 보면 학교는 청소년의 자아정체감 형성에 직·간접적으로 영향을 미치고 있다. 특히 인문계 고등학생들이 실업계 고등학생보다 자아정체감 수준이 높음을 알 수 있다.

4. 학교유형과 자기효능감

　자기효능감은 인간의 동기, 감정, 행동을 결정하는 데 있어서 인지적 과정, 동기적 과정, 정서적 과정 그리고 과제선택 과정의 네 가지 과정을 통해서 영향력을 행사한다(Bandura, 1993). 그 네 가지의 과정은 첫째, 직접적인 성공경험을 통해서, 둘째, 모델 특히 자신과 비슷한 모델이 성취하는 것을 관찰함으로써 증진시킬 수 있다. 모델이 그 성취결과에 대한 보상을 받는 것을 관찰하는 경우 더욱 효과적이다. 셋째, 언어적 설득으로 경제 사회적 지위가 자신보다 우위에 있다고 생각되고 믿고 따르는 신용 있는 사람, 자신이 하고자 하는 분야에 전문적인 지시을 가지고 있는 사람이 "너는 잘 할 수 있을 거야", "너는 그 일을 해낼만한 능력이 충분해"라고 객관적이고 타당성 있는 근거를 가지고 설득할 때 효능감을 증진시킬 수 있다. 넷째, 자신의 생리적 상태에 대한 해석은 효능감에 영향을 준다. 사람은 환경의 선택과 구성을 통해서 자신의 생활을 변화시킬 수 있다. 가정과 학교, 사회의 환경 및 심리적 환경은 효능감형성에 영향을 미치는 변인이기도 하지만 반대로 높은 자기효능감은 실제적으로 어려운 경제·사회적 환경을 자신에게 유리한 환경으로 만들고 환경에 대처할 수 있게 한다.

Bandura(1985)에 의하면 개인은 자극-반응 순서에 의해서 조정자의 역할을 한다. 개인이 만든 사회적 환경에 의해서 패러다임의 변화를 가져올 수 있다. 사람들은 사회적 환경 영향에 의해서 주어진 일을 수행하거나 자기효능감을 발전시킨다. 이 이론은 "인간과 그의 행동 및 환경 사이의 상호작용"이다.

사회인지이론의 주된 목표는 학습경험을 형성하고 진로행동에 단계적으로 영향을 주는 구체적인 매개변인을 규정하는 방법을 찾는 데 있다. 더구나, 이 목적은 흥미, 능력, 그리고 가치 같은 변인들이 어떻게 상호관계를 맺고 있으며, 이 모든 변인들이 어떻게 개인성장과 진로성과로 유도되는 '맥락상의 요인(환경적 요인)'에 영향을 미치는 지를 설명한다. 학자들은 사회인적 환경은 자기효능감에 영향을 미치고 있으며, 자기효능감은 한 개인의 행동으로 표출된다.

Gillespie와 Hellman(1993)의 의하면 일반적인 학교환경에서 자란 학생들의 진로 자기효능감이 특수 고등학교, 전문 고등학교에 다니고 있는 학생들에 비해서 더 높은 자기효능감 수준을 보이고 있다.

이상의 연구들을 종합해 보면 학교는 자기효능감에 영향을 미치고 있다. 학생들이 학교에 대한 감정이나 태도, 동기가 긍정적이면,

어려운 환경도 자신에게 유리한 환경으로 만들고 대처하는 능력이 높다. 특히 인문계 고등학생들이 실업계 고등학생보다 자기효능감이 높게 나타나고 있음을 알 수 있다.

5. 부모의 사회경제적 배경과 자아정체감

부모의 사회경제적 배경은 자아정체감 형성의 발달과정에서 많은 영향을 주는 중요한 변인으로 간주되고 있다. 부모의 사회경제적 배경은 부모의 교육정도, 학력, 가정의 월수입 등을 들고 있다.

Dillard와 Perrin(1980)에 의하면 자아정체감 및 진로발달에 영향을 미치는 요인으로 부모의 사회경제적 지위를 들고 있다. 그들은 부모의 사회경제적 신분이 높아짐에 따라 자아정체감이 높아지고 있으며, 나아가 진로발달 수준도 높다.

Lopez(1989)에 의하면 가족의 정서적 지지는 불안과 학업성취와 관련이 있으며, 이 변인은 직업정체감 발달과 관련이 있다.

Winterowd와 Krieshok(1989)에 의하면 부모의 연수입, 부모의 직업과 학생의 자아정체감 간에는 의미 있고 긍정적인 관계를 가지고 있다.

박완성(1990)에 의하면 가정의 물리적인 환경이 낮아도 부모의 애정을 바탕으로 한 가정의 심리적 환경은 자녀의 바람직한 성장을 꾀 하는 데 도움을 준다. 이는 자녀의 불량한 문제를 사전에 방지할 수 있는 해결방안이 될 수 있고, 급변하는 사회에서 청소년들이 올바로 적응함으로써 높은 정체감을 형성한다. 그러므로 부모에 대한 사회교육의 확대 및 자아정체감 육성 프로그램이 실정에 맞게 실시되어야 한다. 송설희(1993)에 의하면 자아정체감에 영향을 주는 변인으로 가정환경 중 청소년들이 지각한 아버지의 수용-거부 태도 및 아버지의 존재 유·무가 중요하다고 보았고, 김영옥(1996)에 의하면 가정의 행복도 수준과 가족의 불화 긴장도 수준으로 그 심리적인 환경을 특징지었다. 전반적으로 부모의 행복도는 자녀의 독특성과, 가족화목은 안정성과 관련이 있다. 그는 아버지와 어머니가 애정적 관계에 있으면, 자녀들도 안정적이고 심미적 특징을 가지고 있어서 다른 사람에게도 '좋은 자아상'을 지각하는 데 도움을 준다. 이승국(1999)에 의하면 가정의 사회경제적 지위는 부모의 양육태도와 친구의 지지에 영향을 주어 간접적으로 청소년의 자아정체감 발달에 영향을 준다. 그는 여자가 남자에 비해서 가정의 사회경제적 지위에 더 영향을 받는다.

이상의 연구들을 종합해 보면 부모의 사회경제적 배경은 외부 충격에 약한 청소년들이 자신의 역할, 인생목표, 가치관 또는 이념 등에서 독특성을 가질 수 있도록 한다. 부모의 사회경제적 배경이 간접적으로 청소년들의 자아정체감 형성에 영향을 미침을 알 수 있다.

6. 부모의 사회경제적 배경과 자기효능감

부모의 사회경제적 배경은 자기효능감 형성의 발달과정에서 많은 영향을 주는 중요한 변인으로 간주되고 있다. 부모의 사회경제적 배경은 청소년들이 어떤 행동을 할 때 기대감을 향상시킬 수 있다.

Lauver와 Jones(1991)는 인종과 학년에 따른 부모의 사회경제적 지위와의 관계를 연구하였다. 연구결과 인종과 진로 자기효능감 수준에 의미 있는 차이를 보이고 있으며, 백인종이 가장 높고 인디언이 가장 낮은 수준의 자기효능감을 가지고 있다.

Hannah와 Kahn(1989)에 의하면 사회경제적 지위와 진로 자기효능감 사이에는 의미 있는 결과를 가지고 있다. 사회경제적 지위가 높을수록 진로 자기효능감이 높았고, 여성의 경우에도 가정의 사회경제적 지위가 높은 경우에는 남성 지배적인 직업선택을 하였다.

윤병두(1995)에 의하면 자기효능감을 향상시킬 수 있는 요인으로 가정의 사회경제적 배경, 부모의 효능감 및 양육태도 등을 들고 있다. 윤웅성(1998)은 부모의 학력기대에 따라서 아동의 자기효능감을 연구하였는데, 부모의 학력기대가 높을수록 자기효능감이 높게 나타났다. 성별에서는 남학생이 여학생보다 자기효능감이 높았으며, 지역적으로는 도시지역의 중학생보다는 고등학생이 자기효능감이 높게 나났다. 계열별에서는 인문계 고등학교가 실업계 고등학교에 비해서 자기효능감이 높게 나타났다.

초등학생의 진로 자기효능감과 관련변인을 연구한 남미숙(1998)

에 의하면 초등학생의 자기효능감에 영향을 미치는 변인은 성별, 가정환경, 통제소재, 부모의 사회경제적 배경, 학업성적 등이다. 그는 부모의 교육적 기대, 성취 압력 수준이 높은 집단의 아동이 낮은 집단의 아동보다 고학력 직업군에 대해여 높은 진로 자기효능감 수준을 보이고 있다.

이상의 연구들을 종합해 보면 부모의 사회경제적 지위가 높은 청소년들이 부모의 사회경제적 지위가 낮은 청소년들에 비해서 자기효능감이 높음을 알 수 있다. 부모의 사회경제적 배경은 자기효능감을 향상시킬 수 있는 요인으로 작용하고 있음을 알 수 있다.

7. 부애착, 모애착, 또래애착과 자아정체감

청소년들에게 주요한 영향을 미치는 환경체제들 가운데 가장 주요한 체제는 역시 그가 속한 가족이다. 가족은 청소년들이 가장 오랜 관계를 가진 집단일 뿐만 아니라, 가장 근원적인 물리적, 심리적 영향력을 행사할 수 있는 집단이기 때문이다. 오늘날과 같이 변화와 갈등의 시대에는 더욱 가족의 역할이 중요한 요인으로 작용한다. 그런 의미에서 정체감 형성은 청소년 발달에서 중요한 문제로 부각되어 왔다. 청소년들이 자아정체감에 대한 질문을 찾으려고 하고 성인기로의 전환을 할 때 부모들의 영향이 의미 있는 결과를 가져온다(Marcia, 1966).

Lavoie(1976)은 고등학교 학생들을 대상으로 한 연구에서, 부모

-자녀 간의 관계는 고등학생들의 자아정체감과 관련이 있다고 하였다. 자아정체감이 높은 남자 고등학생들은 부모로부터 통제를 적게 받으며, 자아정체감이 낮은 학생들에 비해 부모의 칭찬을 많이 받는다. 자아정체감이 높은 여고생들은 자아정체감이 낮은 학생들에 비해 부모와 자유롭게 토의하며 어머니의 통제를 덜 받는다. 부모와 안전한 애착이 이루어진 대학생은 개인적, 사회적 정체감 형성이 잘되어 대학생활에 잘 적응한다(Lapsley, Rice, & FitzGerald, 1990).

정인숙(1979)에 의하면 자아정체감의 전체적인 긍정도가 높은 청소년들은 가족관계와 교우관계가 좋고 현실의 도덕, 규범, 질서 등을 존중하며, 현실사회에서 부딪히는 어려움을 회피하기보다는 잘 극복하여 사회적응을 잘한다.

정정숙(1994)에 의하면 자아정체감 성취 집단은 독립성과 애착 수준이 모두 높았고, 자아정체감 폐쇄 집단은 부모에 대한 애착 수준은 높지만 독립성은 낮았으며, 자아정체감 유예 집단은 아버지에 대한 갈등적 독립성과 애착 수준이 모두 낮았다. 자아정체감 혼미 집단은 독립성은 높지만, 부모와의 애착 정도는 낮았다. 이처럼 각 정체감 발달단계에 따라 부모에 대한 독립과 애착 수준이 다른 것으로 나타났다.

이승국(1995)에 의하면 부모의 양육태도 중 아버지의 수용적 양육태도와 어머니의 자율적 양육태도는 청소년의 자아정체감에 가장 큰 영향을 주는 요인으로 분석하였다. 부모의 자율-통제적 양육태도는 청소년의 자아정체감 발달과 관련이 있다.

장휘숙(1999)에 의하면 부모가 애정적이고 지원적일 때 청소년들은 낮은 수준의 또래 지향적 경향을 보이는 반면에 부모가 거부적이고 자녀의 의견에 귀를 기울이지 않을 때 청소년들은 또래의 가치에 대한 높은 의존경향을 나타낸다. 그러므로 청소년 또래집단의 참여 정도는 또래집단 자체의 매력보다는 부모 지원 정도에 의해 결정된다.

Greenberg와 동료들(1983)에 의하면 친구활용의 빈도와 친구에 대한 정서의 질이 자아존중감이나 인생만족 점수와 높은 상관이 있다.

Raja와 동료들(1992)에 의하면 부모에 대한 애착이 낮고 또래에 대한 애착이 높은 경우 반사회적 행동이나 우울증의 증후를 보일 가능성이 크다. 청소년 자신이 갖는 힘에 대한 지각은 부모와의 애착과 또래애착 모두와 관련되어 있어 부모뿐만 아니라 또래와의 만족스러운 관계가 청소년기의 자아존중감과 자아정체감 형성에 영향을 미친다.

이상의 연구들을 종합해 보면 청소년의 자아정체감을 형성하는 데는 부모와의 애착, 또래애착이 중요한 요인으로 작용하는 것으로 나타났다. 부모와의 애착이 높은 학생들이 발달과정에서 자연히 또래애착도 높은 점수를 나타내는 것으로 연구되었다. 이러한 연구결과는 청소년의 자아정체감 형성에는 부모와의 애착, 또래애착이 중요한 요인으로 작용하고 있음을 알 수 있다.

8. 부애착, 모애착, 또래애착과 자기효능감

전 생애 발달심리학적 관점에서 애착이론은 여러 측면에서 개인의 발달을 예언하는 예측 변인으로 입증되고 있는 것이 최근 추세이다.

Ainsworth 등(1978)에 의하면 양육자에 대한 안정된 애착을 형성한 영아들은 양육자를 안전기지(secure base)로 하여 주위 환경을 능동적으로 탐색하고 낯선 사람과도 상호작용을 할 수 있다. 자기효능감은 가족, 교사, 동료, 친구들에 의해 주로 이루어진다(Bandura, 1977).

O'Brien(1992)에 의하면 부모-자녀 간의 심리적 독립과 애착 변인은 자기효능감, 진로결정 수준과 유의미한 상관을 가지고 있다. Ryan 등(1996)은 애착과 직업 자기효능감의 관계를 연구결과, 부모에 대한 애착이 직업 자기효능감 분산을 의미 있게 설명하였다.

장휘숙(1997)에 의하면 청소년초기에서 후기까지 비록 남녀의 패턴에서 차이가 있었지만, 어머니와 아버지에 애착은 감소하고 친구에 대한 애착은 증가하며 이는 자아존중감과 자기효능감 발달에 영향을 미친다. 또래는 지적인 자기효능감의 발달과 사회적 정당화에 영향을 줄 수 있다. 이러한 또래의 영향은 아동이 성장함에 따라 그 중요성이 증가하는 경향이 있다. 또래가 자기효능감의 사회적 구성에 공헌하는 몇 가지 방식은 다음과 같다. 학업활동을 할 때, 학생들은 그들의 학업수행에 대한 교사들의 평가와 등급을 통해서 자신의 능력에 대한 많은 상대적인 정보를 얻는다(Marshall & Wienstein, 1984: Rosenholtz & Simpson, 1984; 박영신 외, 2001 재인용).

또래들이 학업적 추구를 위해 자기효능감을 형성하는 마지막 방법은 대인관계 간의 교제이다. 아동이 교제하는 또래들은 어떤 잠재력이 계발되고 어떤 것이 계발되지 않은 채 남아 있을 것인가를 부분적으로 결정한다. 어린 시절에 가난했지만 이를 극복하고 대학에 가서 전문 직업을 가진 사람들에 대한 연구에서 또래 교제가 지적 발달의 전 과정에 영향을 미친다(Ellis & Lane, 1963; Krauss, 1964; 박영신 외, 2001 재인용).

이상의 연구들을 종합해보면 청소년시기에는 아버지와 어머니의 애착은 감소하고 또래애착이 증가한다. 부모와의 애정적 애착관계는 또래와의 애착도 애정적으로 발전한다. 이러한 연구결과는 부모와의 애착, 또래애착이 자기효능감에 영향을 미치는 요인으로 작용하고 있음을 알 수 있다.

9. 성과 진로결정 수준

성과 진로결정의 관계에 관한 연구들은 일관성이 부족하다. 또한 연구대상과 연구자에 따라서 성에 대한 관점이 다르게 제시되고 있다.

O'Brien과 Fassinger(1993)은 Fassinger(1990)의 모델을 기초로 하여 409명의 고등학교 3학년생을 대상으로 하여 진로선택과 진로

지향성을 연구하였다. 연구결과, 청소년기 여학생들의 진로지향성과 진로선택은 연령, 성역할 태도, 그리고 어머니와 관련이 있다.

그 밖의 연구에서는 남성이 전형적으로 직업분화에 더 높은 수준을 보여주고 있는 반면에 여성은 직업통합에 더 높은 수준을 보여주고 있다. 직업 인지구조에는 성차가 존재한다(Brown, 1987).

고향자(1992)에 의하면 대학생들의 경우 남학생이 여학생보다 좀 더 합리적인 의사결정을 하며, 덜 의존적이다. Westbrook 등(1985)은 남학생이 여학생보다 진로결정 수준이 더 높았다. Lucas(1993)와 Westbrook과 동료들(1985)의 연구에서는 여학생이 남학생보다 더 우유부단하며, 외적 통제를 따르고 자기효능감이 낮고 불안감이 높았다. Jackson(1996)에 의하면 여성이 남성보다 진로발달 수준이 높았으며, 여성들은 남성보다 더 좋은 방향성과 진로발달에 좀 더 깊은 지식을 가지고 있다. Taylor(1979)에 의하면 여학생이 남학생보다 진로결정 수준이 더 높았다.

또 다른 연구에서는 성별에 따라서 진로성숙, 진로포부 및 진로의사결정에는 차이가 없다는 연구도 있다(강경찬, 1996; 서우석, 1994; Buck & Daniels, 1984; Niece & Bradley, 1979; Osipow, Carney, & Barak, 1976).

이상의 연구들을 종합해 보면 학자들의 성차에 대한 개념은 연구자, 연구대상에 따라서 진로결정 수준이 다르게 형성한다고 하는 연구가 병존하고 있음을 알 수 있다.

10. 학교유형과 진로결정 수준

대학생의 학과 전공이 진로발달 및 진로선택에 있어서 가장 중요한 요인으로 작용하고 있다(Jackson, 1996). Crites(1961)에 의하면 가정환경뿐만 아니라 학교가 사회화와 직업화에 중요한 요인으로 작용하고 있다. Pavlak(1981)에 의하면 고등학교 시절에는 진로에 대한 정보를 직·간접적으로 접하게 되며, 이러한 교육을 통해 얻게 된 다양한 진로정보 중에서 자신에게 맞는 진로를 선택하기 위해 많은 의사결정 상황에 직면하게 되고 그런 의사결정은 대부분 자신이 갖게 될 미래의 직업과 관계가 있다.

교육과정에 따라 진로태도 성숙 정도에서의 차이 여부를 조사한 연구들에 의하면, 직업과 관련된 과정을 이수한 학생(실업계 고등학생)이 그렇지 못한 학생(인문계 고등학생)보다 진로태도에서 낮은 진로성숙 정도를 보이고 있었다(이기학, 1992; Fitzgerald & Betz, 1994).

서우석(1994)에 의하면 일반계 고등학교 학생과 실업계 고등학교 학생 간에 의사결정 유형 점수는 유의한 차가 없었다. 그리고 학교적응 점수와 그 하위 요인인 학교 만족 및 교사와의 관계 점수는 실업계 고등학교 학생들이 일반계 고등학교 학생보다 더 높았으나 직업계획의 점수는 일반계 고등학교 학생이 더 높았다.

이기학(1997)에 의하면 우리나라 고등학생의 경우에는 인문계 학생이 실업계 고등학생보다 높은 진로태도 성숙도를 보인다. 인문계 여학생은 인문계 남학생보다 진로태도가 더욱 성숙되었다. 실업계 고등학생의 경우에는 전체 진로태도 평균점수에서 남녀 차이가 없다. 그러나 인문계 학생의 경우에는 여학생이 남학생보다 모든 차원에서 높은 진로성숙 정도를 보였다. 실업계의 경우에는 반드시 여학생이 남학생보다 높은 진로성숙 정도를 보이는 것이 아니라 진로태도에 대한 하위 구인에 따라 다른 양상을 보이고 있다.

이상의 연구들을 종합해 보면 학교유형에 따라 차이가 없다는 견해와 함께 학교유형에 따라서 서로 다른 진로결정 수준에 영향을 미친다고 하는 연구가 병존하고 있음을 알 수 있다.

11. 부모의 사회경제적 배경과 진로결정 수준

Hillman과 Ventura(1992)에 의하면 모든 발달이론이 인간의 당면 문제와 환경의 영향을 무시하고 있다고 하면서 진로결정에는 사회경제적 배경이 가장 중요한 요인이라고 하였다.

Blau와 Duncan(1967)에 의하면 가족의 사회경제적 지위와 개인의 교육 및 직업포부 등과 실제의 교육 및 직업 획득 간에는 강한 정적 상관관계가 있다.

Jackson(1996)에 의하면 가정환경에 따른 진로발달에 대한 차이에서 양부모나 후원자가 있는 가정에서 자란 아이들이 진로선호도가 높은 것으로 나타났다. 부모의 수입과 학력이 높은 학생들이 진로에 대한 지식이 더 높았다.

Rosenthal와 Hansen(1980)은 미국의 고등학생 559명을 비교 연구한 결과, 편부모 가정의 아동이 가장 낮은 성적과 가장 낮은 직업포부 수준과 관계가 있었다. 낮은 수준의 직업포부와 성취는 가족의 변화된 재정 상태의 결과이다(Amato, 1988; Mueller & Cooper, 1986).

Hillman(1983)에 의하면 대부분의 어린 시절 경험보다는 사회경제적, 정치적 및 문화적 요소가 일반적으로 진로결정에 영향을 준다. 권정숙(1992)에 의하면 실업계 고등학생들의 진로결정 요인 중에서 가장 중요한 요인은 가정의 사회경제적 배경이다.

서우석(1994)은 고등학생의 진로의사결정 유형에 영향을 미치는 변인에서 소득수준이 높은 집단이 친구 관계 점수와 직업 계획 점수가 높았다.

이상의 연구들을 종합해 보면 사회경제적 배경이 높은 가정의 학생들이 진로포부 및 성취수준이 높았고, 나아가 진로결정 수준이 높음을 알 수 있다.

12. 부애착, 모애착, 또래애착과 진로결정 수준

부모와의 애착과 진로결정 수준과의 관계를 살펴보면, 직업탐색에 대한 개인의 지속적인 선행조건은 부모와의 안정된 애착과 관련된다(Bowlby, 1982). 또한 정신분석학적, 인본주의주의에서도 애착이론은 전 생애적 행동 탐색에 결정적 요인으로 작용한다(Ainsworth, 1989).

Osipow(1983)에 의하면 가족의 영향은 진로결정 수준에 영향을 미치는 요인으로 작용하고 있다. 부모는 어린이들의 역할모델로 작용한다. 이는 어린이들의 자아개념, 직업동기 부여, 직업정보, 진로발달의 환경 제공자로서 작용함으로써 자녀들의 진로선택에 영향을 미친다.

행동심리학 이론에서는 인간의 행동은 일반적으로 새로운 환경을 향해서 발생되고 탐색된다. 이 탐색적 행동은 새로운 세계와 사회적 경쟁에 관한 지식수준을 증가시킨다. 지식에 관한 탐색적 행동은 자신감을 증가시키고 더 총체적인 새로운 환경에 자기자신을 적응시키는 의지로 작용한다. 진로탐색에 대해 추론하는 것은 부모와의 안정된 애착의 경험이 상대적으로 안정된 직업탐색 행동을 부여한다(Deci & Ryan, 1985). O'Brien(1992)에 의하면 부모-자녀 간의 심리적 독립과 애착 변인은 자기효능감, 진로결정 수준과 유의미한 상관을 가지고 있다.

O'Brien(1996)은 여성의 진로발달에 대한 애착의 영향에 관한 연구에서 부모에 대한 애착이 결과적으로 진로결정에 영향을 미친다. 이미니와 인징직 애칙을 경힘했던 여힉생들은 독립직이고자 노력하면서 능력에 맞는 진로를 선택했고, 진로선택에 좀 더 효율적으로 적응하였다. 그는 직업탐색과 진로선택에 있어서 고용과 애착을 연결하는 선행처리 작업과 일치한다. 부모에 대한 애착은 특별한 직업탐색과 일반적 탐색에 대해 중요한 영향을 미친다

(Blustein, Prezioso, & Schultheiss, 1995).

그리고 부모에 대한 안전한 애착의 지각이 개인의 진로발달에 필수적인 환경으로 작용한다. 진로에 대한 적극적 탐색과 숙달, 사회적·지적 유능감을 발달시킨다. 부모는 자녀의 자아개념, 직업동기, 직업정보 등 진로선택에 영향을 미치고 발달적 환경을 제공한다(Grotevant & Cooper, 1985, 1986; Kenny, 1994; Lopez, 1993). Kinniner, Brigman 및 Nobble(1990)에 의하면 부모-자녀 간의 관계에서 낮은 애착의 학생들이 높은 애착학생보다 진로미결정 점수가 낮았다. Kenny(1990)에 의하면 대학생의 연구에서 부모에 대한 애착이 진로성숙과 유의미한 상관이 있었다.

이은경(2000)에 의하면 안정된 부모의 애착은 친구와의 애착으로 전이된다. 청년기가 시작되면서 부모에 대한 애착은 약화되고 또래에 대한 애착이 커지면서 부모뿐만 아니라 또래와의 우정이 중요한 요인으로 작용한다. 고등학생들의 진로의식 조사에서도 진로에 대해서 가장 상담을 하고자 하는 대상은 또래 21.1%, 부모 15.1%, 담임교사 15.6% 순으로 나타났다(문승태, 1992).

이춘재(2000)에 의하면 또래집단의 영향은 청소년 각자가 자기스스로를 수용함은 물론, 타인으로부터의 수용과 인정을 받는 데 결정적인 역할을 한다. 즉, 청소년이 갖는 자기이미지(self image), 학교과외활동, 취미생활, 진로선택, 봉사활동, 취업 등도 자기행동의 준거집단인 또래집단의 권유, 모범, 그리고 그들이 주로 집단압력에 따라 결정되는 예가 많다.

이상의 연구들을 종합해 보면 부모와의 애착과 진로결정 수준 간에는 직업심리학에서 광범위하게 연구되어져 왔다. 부모와의 안정된 애착은 능력에 맞는 진로를 선택하게 하고, 진로선택에 효율적으로 적응할 수 있게 한다. 부모와의 애착관계는 아동기 때에만 형성되는 것이 아니라 청소년 후기까지 지속되면서, 또래애착으로 전이된다. 이러한 연구결과는 부모와의 애착, 또래애착이 진로결정 수준에 영향을 미치는 중요한 요인으로 작용하고 있음을 알 수 있다.

13. 자아정체감과 진로결정 수준

자아정체감과 진로결정 수준과의 관계를 살펴보면, Jordaan(1963)에 의하면 진로연구와 정체감 상태의 평가에서 진로미결정 결과는 진로탐색의 한정된 두 변수를 제공한다. 첫째, 그들은 진로발달 이론에 필수적으로 직업탐색 경험들에 관한 광범위한 포괄적 변수들을 제공한다. 둘째, 자아정체감 형성 상태는 진로발달 범위에 광범위한 초점을 맞춘 직업탐색의 평가보다 훨씬 광범위하고 개념적으로 작용한다.

자아정체감은 진로결정 수준에 대한 학생의 능력을 설명하는 데 핵심적으로 이용되고, 그 결정능력의 연구에 있어 예언요인으로 작용된다. 그리하여 자아정체감이 높을수록 진로결정에 있어 확신적이다. 반대로 자신에 대한 불명확한 인식 및 확신성 등의 낮은 정체감과 그 혼미 및 장애가 진로미결정자의 특성으로 나타난다(Gordon, 1981; Salomone, 1982).

Stewart와 Nejedlo(1980)에 따르면 자신에 대한 확신성과 유용성을 높게 지니면서 자신을 가치롭게 생각하는 높은 자아정체감의 학생일수록 진로결정 수준이 높다. 자아정체감이 높을수록 진로결정에 있어서 더 확신적이며 그 결정상태가 높다(Fuqua, Blum, & Hartman., 1988).

자아정체감은 진로결정에 영향을 미치는 중요한 요인으로서 그 정체감이 낮고 부족할수록 진로결정력이 낮고 진로미결정의 특성을 보인다(Harren, 1979; Larkin, 1987).

Erikson(1980)에 의하면 자아정체감은 초기 아동기 단계에서 부모로부터 받은 양육형태에 따라서 달라지며, 다음 단계의 매개 역할을 하면서, 다양한 사회적 역할을 습득할 때 유용하거나 점점 강해진다.

Munley(1977)에 의하면 자아정체감을 높게 형성할수록 자신에게 적합한 진로를 더 잘 결정할 수 있다. 자아정체감은 진로결정에 영향을 미치는 중요한 요인으로서 자아정체감이 낮고 부족할수록 진로결정력이 낮은 미결정의 특성을 보이고, 자아정체감이 높을수록 자신의 진로결정에 대한 만족감과 성공감을 크게 나타낸다(Skovholt & Morgan, 1981).

Blustein(1994)에 의하면 청소년들이 자아정체감을 형성하는 과정에서 선천적인 것은 진로계획에 관한 선택이다. 자아정체감 상태는 진로탐색의 예언적 변수이다(Blustein, Devenis, & Kidney, 1989). 신순란(1999)에 의하면 대학생의 자아정체감과 진로의사결정 유형 및 진로결정 수준 간의 관계 연구에서 자아정체감 수준이 높은 학생일수록 합리적 진로결정 유형을 택하며, 진로결정 수준이 높았다. 김은진(2000)에 의하면 자아정체감이 성취수준일 때 진로결정 수준이 높았다. 박수길(2000)은 대학생을 대상으로 한 경로모형 연구에서 진로결정 수준과는 모애착, 부와의 심리적 독립, 모와의 심리적 독립은 직접적인 효과가 있다. 모와의 애착과 부와의 심리적 독립, 모와의 심리적 독립은 자아정체감 성취를 통해 진로결정 수준에 정적인 영향을 미친다.

이상의 연구들을 종합해 보면 고등학생들의 자아정체감이 높은 학생들이 진로결정 수준이 높게 형성되었다. 자아정체감 변인들은 개인의 태도, 믿음, 가치를 발견하게 하며, 진로결정 수준에 매개 변인으로 작용하고 있음을 알 수 있다.

14. 자기효능감과 진로결정 수준

Taylor와 Betz(1983)은 진로결정에 관한 자기효율성을 측정하는 도구를 개발했다. 그들은 진로의사 자기효율성 척도를 사용하여, 진로미결정과의 관련성을 확인하였다. 자신의 능력에 대한 확신이 적다고 보고한 학생은 확신이 많다는 학생보다 진로미결정 점수가 높았다. 그는 자기효능감이 진로결정 수준에 영향을 미치는 매개변인으로 간주하면서 진로탐색을 하는 데 매우 유용하다고 언급하였다. 그는 진로미결정의 증가는 자기효능감의 수준 감소와 관련 있다.

높은 자기효능감을 가지고 있는 청소년은 스스로 진로를 선택하는 능력을 갖고 있고, 이런 직업에 들어가기 위해 교육, 훈련 등의 요구 사항을 더 잘 이수할 수 있는 능력을 가지고 있다. 반면에 낮은 자기효능감을 가지고 있는 청소년들은 그들의 진로선택 폭이 제한되어 있고 진로에 대한 애착이 낮다(Lent & Hackett, 1994).

Tang, Fouad 및 Smith(1999)에 의하면 진로선택에 영향을 주는 경로모형에서 자기효능감이 매개변인으로 작용한다.

박수길(2000)의 연구에서는 부와의 애착, 모와의 애착 및 심리적 독립은 자기효능감에 정적인 영향을 미치며, 자기효능감은 진로결정 수준에 정적으로 영향을 미친다. 안은경(1999)은 간호사의 업무성과를 예측하는 변인으로 자기효능감, 자존감, 상사의지지, 소재성, 통제성, Type A 행동, 근무연한이었다. 즉 자기효능감은 업무성과를 향상시킬 수 있는 변인으로 작용한다.

이상의 연구들을 종합해 보면 높은 자기효능감은 진로결정 수준을 향상시키는 것으로 나타났다. 자기효능감 변인은 독립변인을 종속변인에 연결하여 주는 매개변인으로 작용하고 있다. 또한 자기효능감과 진로결정 수준 간에는 정적인 상관이 있었다.

15. 개인변인, 심리적 변인과 진로결정 수준과의 관계

본 연구가 채택한 개인변인(성, 학교유형, 부모의 사회경제적 배경)과 심리적 변인(부애착, 모애착, 또래애착, 자아정체감, 자기효능감)은 진로결정 수준에 영향을 미치는 변인이다. 이 변인들은 대체로 진로결정 수준에 긍정적이다.

본 연구의 궁극적인 목적이 진로결정 수준에 영향을 미치는 변인 간의 인과관계를 규명하는 데 있기 때문에 여기서는 변인들 간의 전체적인 관계를 살펴보고 그 전체적인 관계에 기초하여 본 연구의 이론적 모형을 설정하고자 한다.

Lent 등(1994)에 의하면 사회학습인지이론을 설명하는 과정에서 두 종류의 요소들이 상호보완적인 측면으로 작용하고 있음을 밝히고 있다. 첫 번째 수준은 개인의 인지적 요소들로 자기효능감, 결과 기대감, 목표설정과 같은 변인들이 개인의 수행능력에 영향을 미치고 개인을 동기화 시킨다. 두 번째 수준은 이들 인지적 요소들과 함께 성이나 인종과 신체적 특성과 사회경제적 지위, 부모의 지지 등과 같은 환경적 특성, 그리고 학업성적, 이전의 성취수준과 같은 특정한 학습경험의 부가적인 요인들이 개인의 진로흥미와 진로선택행동에 영향을 미친다고 보았다. 즉 개인의 진로발달은 개인과 환경, 그리고 행동적인 요소들이 상호영향을 미치는 복합적인 연관성을 갖는다고 가정하였다. Lent 등의 사회인지진로이론의 모델은 [그림 II-1]와 같다.

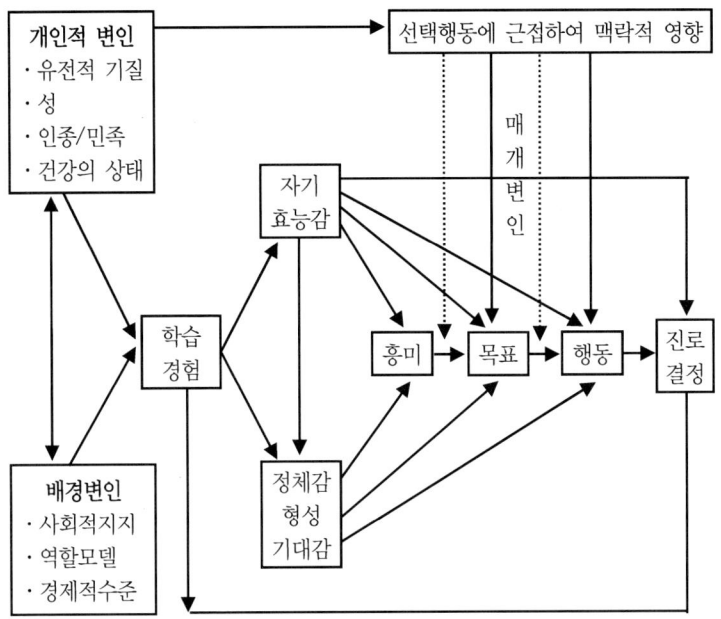

[그림 Ⅱ-1] 진로선택행동에 대한 사회인지이론의 모델(Lent 등, 1994)

[그림 Ⅱ-1]에서 나타났듯이, 개인을 둘러싸고 있는 개인변인 (성, 학교유형, 부모의 사회경제적 배경)과 심리적 변인(부애착, 모애착, 또래애착, 자아정체감, 자기효능감)들은 자아정체감 및 자기효능감에 영향을 미치고 있다. 이러한 매개변인들의 작용으로 인하여 개인의 행동변화가 나타난다.

Super(1953)는 개인의 진로성숙에는 사회경제적 차원뿐만 아니라 자아개념과 지능이 영향을 미친다고 하였다(Healy, 1984, 1992; Lee, 1984, Lucas, 1993; Pavlk & Kammer, 1985; Seifert, 1994). Winterowd와 Krieshok(1989)는 학생의 직업정체성, 부모의 수입과

부모의 직업 간의 관련성을 제시하고 있다. Thomas(1986)는 엄마는 딸의 직업동기, 직업목적, 노동가치와 이에 따르는 직업발달에 중요한 요인으로 작용한다(Saltiel, 1985).

또 다른 연구에서는 청소년의 직업발달과 연관되어 있는 것들은 부모의 사회경제적 배경, 부모의 교육수준을 포함하고 있다. 가족구조에 관한 연구는 가족구성과 크기의 영향을 언급하고, 가족 관계요소에 관한 발견들은 부모의 후원과 모형화가 직업발달에 긍정적인 영향을 보여주고 있다(Ginzberg, 1972; Leung, Wright, & Foster, 1987; Palmer & Cochran, 1988; Schulenberg & Vrouter, 1984; Young, 1994; Yost & Corbishley, 1987).

Marcia(1968)에 의하면 청소년기의 자아정체감은 진로탐색, 자아통제, 성차이, 성역할 사회화와 연관되어 있으며, 자아정체감이 높은 청소년들은 진로발달 수준이 높은 것으로 나타났다. 또한 청소년들은 '나는 누구인가'에 대한 구체적인 생각을 하고, 비판적인 자아를 통한 발달 기간에 들어간다. 청소년기 동안에는 진로방향을 결정할 수 있는 정체성이 필요하다. 청소년들이 정체성에 대한 질문을 찾으려고 하고 성인기로의 전환을 시작하려고 할 때, 부모들은 이이들의 진로방향에 의미 있는 영향을 미칠 수 있다(Marcia, 1980).

DeMania(1999)의 진로선택 일치도와 만족도에 관한 연구에서 부모와의 애착, 성, 나이, 전공 등은 진로발달에 긍정적인 영향을 미치고 있다.

Rotberg와 동료들은(1987) 진로발달은 사회경제적 지위, 인종, 성, 직업흥미, 그리고 성역할 사회화에 의해서 영향을 받는다.

박수길(2000)에 의하면 대학생을 가족변인과 개인변인을 독립변인으로 자아정체감을 매개변인으로 선정하여 진로결정 수준에 미치는 경로분석을 하였다. 그 결과, 부모와의 애착 및 부모와의 심리적 독립이 대학생들의 진로결정 수준에 긍정적인 영향을 주는 것으로 밝혀졌다.

김은진(2000)은 부모에 대한 심리적 독립 및 애착이 자아정체감을 매개로 하여 진로결정 수준에 영향을 미치는 변인을 분석하였다. 연구결과에 의하면, 아버지와 어머니에 대한 독립이 정체감 유예 수준을 매개로 해서 남자 대학생의 진로결정 수준에 영향을 미치는 경로와 어머니에 대한 독립이 정체감 유예 수준을 매개로 해서 여자 대학생의 진로결정 수준에 영향을 미치는 경로가 유의한 것으로 밝혀졌다.

이상의 연구들을 종합해 보면 부모의 사회경제적 배경, 부애착, 모애착, 또래애착, 자아정체감, 자기효능감 및 진로결정 수준 간에는 정적인 상관이 있는 것으로 나타났다. 학자들은 진로결정 수준에 영향을 미치는 매개변인으로 자기효능감(Tang, Fouad, & Smith, 1999)과 자아정체감(Blustein, 1994) 두 변인을 제시하고 있다.

본 연구에서는 독립변인으로 성, 학교유형, 부모의 사회경제적 배경, 부애착, 모애착, 또래애착, 매개변인으로 자아정체감, 자기효능감, 종속변인으로 진로결정 수준으로 변인을 선정하여 분석하였다. 그러므로 선행연구들은 본 연구의 이론적 모형을 설정할 수 있을 것이다. 따라서 Lent, 박수길, 김은진 등의 연구는 부모의 사회경제적 배경, 부애착, 모애착, 또래애착, 자아정체감, 자기효능감이 진로결정 수준 간의 인과관계를 밝혀보려는 본 연구의 이론적 모형의 명분을 제시하고 있다.

16. 연구모형

본 연구에서는 고등학생의 개인변인, 심리적 변인, 진로결정 수준 간에 어떤 인과관계가 있는지를 알아보고자 하였다. 선행연구의 분석결과에 따르면, 성, 학교유형, 부모의 사회경제적 배경, 부애착, 모애착, 또래애착, 자아정체감, 자기효능감 및 진로결정 수준 간에는 아주 밀접한 관계가 있는 것으로 밝혀졌다. 따라서 개인변인과 심리적 변인 간의 인과적 모형의 존재 여부를 탐구하는 것이 본 연구의 주된 내용이다. 이론적 고찰을 토대로 한 연구의 이론적 모형은 [그림 Ⅱ-2]과 같다.

본 연구에서 설정한 고등학생들의 개인변인과 심리적 변인에 대한 관계는 Lent 등(1994)의 사회학습인지모델과 Blustein, Devenis, & Kidney(1989), 박수길(2000), 김은진(2000) 등의 연구결과를 토대로 하였으며, 독립변인이 심리적 변인들인 자아정체감과 자기효능감을 각각 매개(mediator)로 하여 고등학생들의 진로결정 수준에 영향을 미치는 모형을 도출했다.

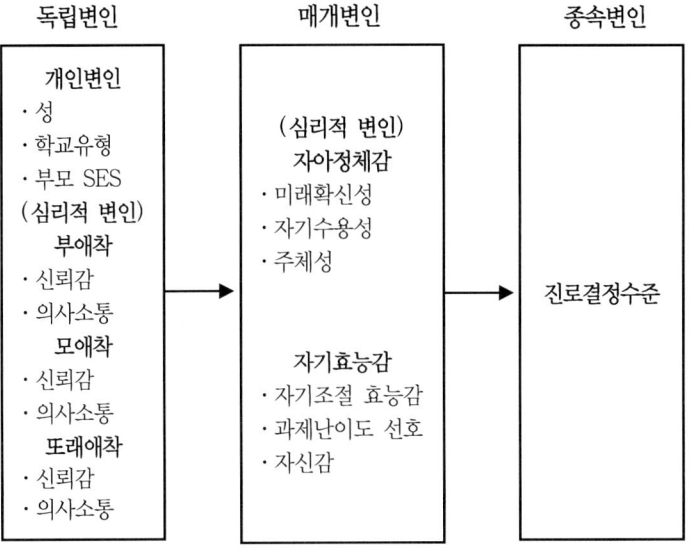

독립변인	매개변인	종속변인

개인변인
· 성
· 학교유형
· 부모 SES
(심리적 변인)
부애착
· 신뢰감
· 의사소통
모애착
· 신뢰감
· 의사소통
또래애착
· 신뢰감
· 의사소통

(심리적 변인)
자아정체감
· 미래확신성
· 자기수용성
· 주체성

자기효능감
· 자기조절 효능감
· 과제난이도 선호
· 자신감

진로결정수준

[그림 Ⅱ-2] 연구의 이론적 모형

본 연구에서 설정한 개인변인(부모의 사회경제적 배경), 심리적
변인(부애착, 모애착, 또래애착, 자아정체감, 자기효능감) 및 진로
결정 수준 간의 경로모형은 [그림 Ⅱ-3]와 같다.

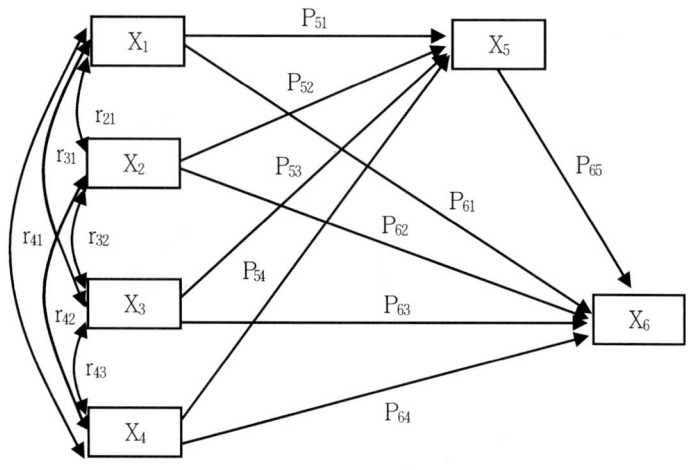

[그림 Ⅱ-3] 개인변인과 심리적 변인간의 경로모형

[그림 Ⅱ-3]는 개인변인(부모의 사회경제적 배경)과 심리적 변인
(부애착, 모애착, 또래애착, 자아정체감, 자기효능감) 및 진로결정
수준 간의 관계를 설명하기 위한 경로모형이 제시되어 있다. 이 모
형에서 X_1은 부모의 사회경제적 배경, X_2는 부애착, X_3은 모애착,
X_4는 또래애착, X_5는 매개변인으로 자아정체감(자기효능감), X_6은
종속변인으로 진로결정 수준을 나타낸다. X_1, X_2, X_3, X_4 사이의 계
수는 단순 상관계수 r이며, 나머지는 경로계수(path coefficient)의
값을 나타낸다. 특히 X_5는 선행연구 탐구결과 자아정체감과 자기효
능감으로 독자적인 매개변인을 나타내고 있어 본 연구에서는 두 번
의 경로분석을 시행하였다.

따라서 본 연구에서는 진로결정 수준에 영향을 미치는 개인변인

(부모의 사회경제적 배경)과 심리적 변인(부애착, 모애착, 또래애착, 자아정체감, 자기효능감) 간의 관계를 탐색하기 위하여 이론적 모형을 구축하는 데 장점이 있는 경로분석(path analysis)을 사용하고자 한다. 경로분석(Path Analysis)이란 1930년대 Sewell Wright에 의해서 개발된 방법으로 변인이 3개 이상일 때 인과 관계를 밝혀 인과 모형을 찾아내는 통계적 방법으로, 다중회귀분석(multiple regression analysis)의 확장된 형태이다. 경로분석의 목적은 여러 변수들 간의 가정된 인과관계의 크기와 유의성(magnitude and significance)의 추정치를 제공하는 데 있다(김계수, 2001). 경로분석을 위해서는 회귀분석에 적용되는 가정들에 추가하여 다음의 몇 가지 가정이 충족되어야 한다.

첫째, 독립변수와 종속변수의 관계는 직선적(linear)이고 합산적(additive)이다. 둘째, 경로모형의 방향은 일방적이다. 즉, 이것은 한번 진행된 화살표는 역방향으로 진행할 수 없음을 의미한다. 셋째, 변수의 측정은 완벽하다. 넷째, 측정오차가 없다. 다섯째, 잔차 사이에는 상관관계가 존재하지 않는다. 여섯째, 변수들은 양적척도로 구성되어야 한다.

예를 들어 어떤 경로모형에서 인과적 흐름의 순서가 $X_3 \rightarrow X_2 \rightarrow X_1$의 형태를 취하고 있다면 X_1은 X_3과 X_2 두 변인의 영향을 받는 종속변인으로 설정되어 있음을 확인할 수 있다. 또한 X_2는 X_3의 영향을 받아 이를 X_1에 전달되는 매개변인(intermediate variable)으로 설정되었다. 이 모형에서 X_3은 다른 변인의 영향을 받는 것이 아니라 이미 주어진 것으로 간주되는데, 이러한 변인을 외생변인(exogenous variable)이라고 한다. 그리고 X_2나 X_1처럼 이 모형 안에서 다른 변인들에 의해 설명되는 변인들을 내생변인(endogenous variable)이라고 부른다. 경로분석에서 인과적 흐름의 순서가 설정되면 두 변인 간의 공변량(covariance)을 인과적 효과(causal effect)와 비인과적 효과(non-causal effect)로 구분하고, 인과적 효과를 다시 직접 효과(direct effect)와 간접 효과(indirect effect)로 구분하는 것이 가능해진다. 즉 공변량=인과적 효과(직접효과+간접효과)+비인과적 효과의 관계가 성립하게 된다.

이와 같은 경로분석의 가정적 모형에 따라서 본 연구모형을 설명하면, 첫째, 개인변인(부모의 사회경제적 배경)과 심리적 변인(부애착, 모애착, 또래애착)은 매개변인(자아정체감)에 영향을 주고, 매개변인을 통해서 진로결정 수준에 직·간접적으로 영향을 준다. 둘째, 개인변인(부모의 사회경제적 배경)과 심리적 변인(부애착, 모애착, 또래애착)은 매개변인(자기효능감)에 영향을 주고, 매개변인을 통해서 진로결정 수준에 직·간접적으로 영향을 준다. 셋째, 자아정체감 및 자기효능감은 매개변인으로 각각 독자적 역할을 하며, 진로결정 수준에 직접적 역할을 한다.

Ⅲ. 연구의 방법

A. 연구의 대상

1. 표 집

a. 모집단

이 연구의 모집단은 2001년 4월 1일 기준 충청남도(대전광역시 제외)에 소재하고 있는 106개 고등학교 학생 85,959명이었다. 이 중 남학생은 44,672명, 여학생은 41,287명이었다. 일반계 고등학교 학생은 61개교 51,045명으로 남학생은 28,075명, 여학생은 22,970명이고, 실업계 고등학교 학생은 45개교 33,914명으로 남학생은 15,597명, 여학생은 18,317명으로 인문계 고등학교와 실업계 고등학교 비율은 58:42이었다.

b. 표집 방법

표집 방법은 다중층화추출법(Stratified Multistage Random Sampling)을 이용하였는데, 그 구체적인 절차는 다음과 같았다.

1) 모집단을 전공(인문계, 실업계) 및 학생구성형태(남고, 여고, 공학)로 〈표 Ⅲ-1〉과 같이 1차적으로 6개의 층으로 구성하였다. 전체 학교는 106개교, 학급수는 2,207개였으나, 남자 실업계 고등 학교가 1개교에 불과해 공학에 포함시킴(남녀공학 실업계 고교수 는 34개(32%))으로 인해서 층간 결합은 최종적으로 5개 층으로 구분하였다.

〈표 Ⅲ-1〉 모집단 학교 및 학급수

N(%)

구 분		남 고	여 고	공 학	계
인문계	학교수	17(16.0)	15(14.2)	29(27.36)	61(57.5)
	학급수	422(19.1)	336(15.2)	498(22.50)	1,256(56.1)
실업계	학교수	1(0.9)	11(10.4)	33(31.30)	45(42.5)
	학급수	28(1.2)	298(13.5)	625(28.3)	951(43.1)
계	학교수	18(16.9)	26(24.5)	62(58.6)	106(100.0)
	학급수	450(20.3)	634(28.7)	1,124(50.8)	2,207(100.0)

2) 1차적으로 각 층에서 비례적으로(proportionally) nh, h=1, ……, 5개의 학교를 추출하였다. 학급수 비율보다는 학교비율이 타 당하다고 생각되어 〈표 Ⅲ-2〉와 같이 학교수를 추출하였다.

〈표 Ⅲ-2〉 표집 학교수

N(%)

구 분	인문계 남 자	인문계 여 자	인문계 공 학	실업계 여 자	실업계 공 학
비 율	16.04%	14.15%	27.36%	10.38%	32%
표본수(20개)	4	3	5	2	6

3) 1차 추출(primary sampling unit : PSU) 단위는 학교수이고 각 층에서 최소한 2개 이상의 PSU를 추출하여 총 20개 학교를 추출하고, 2차 추출단위(secondary sampling unit)는 학급으로 각 추출된 학교에서 2학급씩 무작위로 추출하여 총 40개 학급을 표본으로 추출하였다. 최종 표본은 전체 학생 85,959명 중 1.86%인 1,600명의 학생을 표집하였다.

c. 표집 대상

작성된 질문지는 표집 학교의 담임선생님에게 1차 전화통화 후에 우편으로 송부하여 자료를 수집하였다. 질문지에 성실히 답변할 수 있도록 하기 위해서 학생들에게 질문에 대한 유의사항을 철저히 숙지시키고, 질문지에 답변하도록 하였다. 또한 후배들에게 효율적인 진로지도가 될 수 있다는 것을 주지시킴으로써 성실한 답변을 얻을 수 있었다.

본 연구에서는 고등학교 3학년을 대상으로 하였다. 고등학교 3학년을 대상으로 한 것은 3학년 시기는 진로결정 시기로 진학과 취업을 선택해야 하는 시기에 놓여 있기 때문이다. 특히 3학년은 대학 진학 공부로 바쁜 점을 고려하여 설문시기를 3월에 시행하였으며, 자율학습 시간을 이용하여 담임교사가 학생들에게 양해를 충분히 구한 후 시행하였다. 질문지는 20교 학교에 각 80부씩 배부하였다. 질문지는 1,600부를 배포하여 그중 1,455부가 회수되었으나 끝까지 응답하지 못하거나 무성의한 질문지 122부를 제외한 1,353부를 연구의 대상으로 사용하였다. 이와 같이 20개 고등학교에 설문을 배부하여 회수 후 사용한 내역과 개인 배경요인을 구체적으로 살펴보면 〈표 Ⅲ-3〉과 〈표 Ⅲ-4〉와 같다.

〈표 Ⅲ-3〉 질문지 배포 및 회수 현황

N(%)

구 분	배부 부수	회수 부수(회수율)	사용 부수(사용율)
천안중앙고	80	72(90.0)	69(86.3)
공주사대부고	80	75(93.8)	62(77.5)
부석고	80	72(90.0)	62(77.5)
논산고	80	73(91.3)	67(83.8)
논산여고	80	75(93.8)	69(86.3)
합덕여고	80	75(93.8)	66(82.5)
용남고	80	72(90.0)	72(90.0)
대천고	80	72(90.0)	71(87.5)
조치원고	80	73(91.3)	72(90.0)
조치원여고	80	74(92.5)	67(83.8)
당진고	80	72(90.0)	63(78.8)
부여고	80	71(88.8)	66(82.5)
천안농고	80	75(93.8)	72(90.0)
천안여자상업고	80	71(88.8)	67(83.8)
청양농업고	80	72(90.0)	68(85.0)
내천수산고	80	73(91.3)	68(85.0)
온양여자고	80	75(93.8)	63(78.8)
천안경영정보고	80	72(90.0)	70(87.5)
진산공업고	80	69(86.3)	68(85.0)
주산산업고	80	72(90.0)	71(87.5)
전 체	1,520	1,455(90.9)	1,353(84.6)

N(%)

배경 변인	구 분	빈 도
성 별	남	667(49.3)
	여	686(50.7)
계 열	인문	806(59.6)
	실업	547(40.4)
부의 학력	초등학교 졸	228(16.9)
	중학교 졸	280(20.7)
	고등학교 졸	587(43.4)
	전문대학 졸	63(4.7)
	대학 및 대학원 졸	195(14.4)
모의 학력	초등학교 졸	255(18.8)
	중학교 졸	387(28.6)
	고등학교 졸	601(44.4)
	전문대학 졸	32(2.4)
	대학 및 대학원 졸	78(5.8)
부모의 직업적 위신	가정부, 청소원 등	137(10.1)
	이·미용사, 목수 등	333(24.6)
	생산직 감독자 등	407(30.1)
	계장급 이상	302(22.3)
	관리직 이상	174(12.9)
가정의 월수입	50만 원 미만	94(6.9)
	51~150만 원	520(38.4)
	151~200만 원	347(25.6)
	210~300만 원	242(17.9)
	301만 원 이상	150(11.1)

B. 연구의 도구

　본 연구에서 사용되는 도구는 부모의 사회경제적 배경, 부애착,
모애착, 또래애착, 자아정체감, 자기효능감, 진로결정 수준을 측정

하는 도구를 사용하였다.

1. 부모의 사회경제적 배경(SES) 질문지

학생의 사회경제적 배경은 아버지의 학력, 어머니의 학력, 부모의 직업, 부모의 수입을 하위변인으로 하여 학생이 기록하는 방법으로 측정하였다. 학생의 사회경제적 배경을 측정하는 문항은 5개 문항이었다. 그러나 어머니의 직업이 1차 요인 검사결과, 가정주부가 35%를 차지하고 있어서 아버지의 직업적 위신만을 조사하였다. 부모의 학력에서도 1차 요인 검사결과 아버지와 어머니의 학력이 동일한 경우가 90%를 차지하고 있어서 아버지의 학력을 기준으로 하였다.

본 질문지에서 부모의 직업과 학력 수준은 황정규(1977)의 '가정환경진단 검사'를 참조하였다.

가정의 수입은 2000년 근로자 평균임금 164만 원(2000년 한국의 사회 지표, http://kosis.nso.go.kr에서 참조)을 참조하여 연구자가 일부 수정하였다. 최저 임금 수준인 50만 원을 1점, 최저 임금과 평균임금의 중간 단계인 51~150만 원을 2점, 평균임금인 164만 원을 3점, 급간 간격을 고려하여 201~300만 원을 4점, 그 이상을 5점으로 하였다. 사회경제적 배경에 사용된 항목과 배점은 〈표 Ⅲ-5〉와 같다.

<표 III-5> 사회경제적 배경의 척도와 배점

영 역	수 준	배 점
아버지의 교육 정도	대학 졸업, 대학원 졸업	5
	전문대학 졸업	4
	고등학교 졸업	3
	중학교 졸업	2
	무학, 초등학교 졸업	1
어머니의 교육 정도	대학 졸업, 대학원 졸업	5
	전문대학 졸업	4
	고등학교 졸업	3
	중학교 졸업	2
	무학, 초등학교 졸업	1
아버지의 직업적 위신	대기업주, 정부 고위 관료	6
	전 문 직	5
	숙 련 직	4
	사 무 직	3
	숙 련 직	2
	노 무 직	1
가정의 수입 (월 평균 수입)	301만 원 이상	5
	201~300만 원	4
	151~200만 원	3
	51~150만 원	2
	51만 원 미만	1

2. 부애착, 모애착 및 또래애착 질문지

본 연구에서는 고등학생들의 부애착, 모애착, 또래애착을 측정하기 위해 Armsden와 Greenberg(1987)가 제작한 부모 및 또래애착 척도(Inventory of Parental and Peer Attachment; IPPA)를 수정한 개정본(IPPA-R)을 옥정(1998)이 한국어로 번안한 것을 사용하였다. 질문지의 문항들 중에서 고등학생들을 대상으로 사용하기에 부적합한 문항들이 있었으므로, 이들 문항을 연구자가 원문과 대조하여 상황에 적합한 문항으로 수정 혹은 대치하여 요인분석을 통하여 타당화 작업을 하였다. IPPA-R 질문지는 신뢰감, 의사소통, 소외감의 3가지 하위요인으로 구성되어 있다. 애착 정도는 신뢰감과 의사소통을 합하여 소외감을 뺀 합의 점수가 애착 점수가 된다. 그러나 본 연구에서는 요인검사와 타당화, 신뢰도 검사과정에서 신뢰감과 의사소통만을 합하였으며, 소외감 문항은 제외시켰다.

문항 형식은 '전혀 그렇지 않다'(1점)에서 '매우 그렇다'(4점)을 Likert-style로 반응하도록 하였다. 부모와의 애착 검사는 원래 어머니와 아버지를 구별하지 않고 전체 부모에 대한 애착을 측정하는 것이지만, 본 연구에서는 아버지와 어머니와의 애착 양상에 차이가 있다는 선행연구와 본 연구의 취지를 근거로 아버지와 어머니를 분리해서 평정할 수 있도록 질문지를 구성하였다. 질문지의 내용은 Bowlby(1988)의 애착이론으로부터 유도되어졌고, 청소년들의 그들의 어머니와 아버지 그리고 동료들과의 관계에 대한 긍정적, 부정적 그리고 인지적 중요성을 평가하였다. 부모와 청소년 관계에 초점을 맞춘 이 연구는 상호신뢰의 정도, 의사소통의 정도를 측정하였다. 척도별 요인분석 내용을 구체적으로 살펴보면 다음과 같다.

a. 부애착 질문지

아버지-자녀 간의 애착 문항에 대한 요인분석 결과 제1요인은
1, 2, 4, 5, 6, 8, 9, 11번이 적재되었으며, 제2요인은 3, 7, 10, 12,
13번이 적재되었다. 제1요인은 신뢰감(걱정거리가 생겼을 때 털어
놓고 얘기할 수 있고 나의 판단을 믿어주며 부를 좋은 사람이라고
생각하는지를 묻는 문항), 제2요인은 의사소통(내 감정을 존중하
고 대화 시에 나의 의견을 존중해 주며 이를 이해하려고 노력하는
지에 관해 묻는 문항)으로 명명하였다. 요인분석결과 요인 산정
후 총분산은 '요인 1'이 29.6%, '요인 2'를 첨가했을 때 26.0%, 전
체 55.6%의 설명변량을 나타내어 상당히 높은 설명력을 가지고
있었다(부록 1 참조).

Armsden 및 Greenberg(1989)가 보고한 내적 신뢰도는 .89이며,
옥정(1998)연구에서는 .93이었다. 본 연구에서는 Cronbach α값이
요인 1에서 .88, 요인 2에서 .78을 나타냈다. 애착 측정도구의 2개
하위요인에 대한 문항은 〈표 III-6〉과 같다.

〈표 III-6〉 부애착 질문지의 구성과 신뢰도 계수

부애착	문항수	문항번호	신뢰도 계수
신뢰감	8	1, 2, 4, 5, 6, 8, 9, 11	.881
의사소통	5	3, 7, 10, 12, 13	.780
애 착	13	1~13	.888

b. 모애착 질문지

어머니-자녀 간의 애착 문항에 대한 요인분석 결과 제1요인은 3, 4, 5, 6, 8번이 적재되었으며, 제2요인은 1, 2, 7, 9번이 적재되었다. 제1요인은 의사소통, 제2요인은 신뢰감으로 명명하였다. 요인 분석결과 요인 산정 후 총분산은 '요인 1'이 32.8%, '요인 2'를 첨가했을 때 23.7%, 전체 56.4%의 설명변량을 나타내었다. 그러나 요인 2에서 1번 문항을 제외하였다. 그랬더니 '요인 1'에서 48.9% '요인 2'를 첨가했을 때 14.2%, 전체 63.2%의 설명변량을 나타내어 상당히 높은 설명력을 가지고 있었다(부록 1 참조).

Armsden 및 Greenberg(1989)가 보고한 내적 신뢰도는 .87이며, 옥정(1998) 연구에서는 .92이었다. 본 연구에서는 Cronbach α값이 요인 1에서 .82, 요인 2에서 .67을 나타냈다. 애착 측정도구의 2개 하위요인에 대한 문항은 〈표 Ⅲ-7〉과 같다.

〈표 Ⅲ-7〉 모애착 질문지의 구성과 신뢰도 계수

모애착	문항수	문항번호	신뢰도 계수
의사소통	5	3, 4, 5, 6, 8	.849
신뢰감	3	2, 7, 9	.663
애 착	8	1~9	.814

c. 또래애착 질문지

또래애착 문항에 대한 요인분석 결과 제1요인은 1, 2, 4, 7, 8, 9
번이 적재되었으며, 제2요인은 3, 5, 6, 10번이 적재되었다. 제1요
인은 상호신뢰감, 제2요인은 의사소통으로 명명하였다. 요인분석결
과 요인 산정 후 총분산은 '요인 1'이 31.1%, '요인 2'를 첨가했을
때 24.1%, 전체 55.2%의 설명변량을 나타내었다(부록 1 참조).

Armsden 및 Greenberg(1989)가 보고한 내적 신뢰도는 .92이며,
옥정(1998) 연구에서는 .92이었다. 본 연구에서는 Cronbach α값이
요인 1에서 .82, 요인 2에서 .75을 나타냈다. 애착 측정도구의 2개
하위요인에 대한 문항은 〈표 Ⅲ-8〉과 같다.

〈표 Ⅲ-8〉 또래애착 질문지의 구성과 신뢰도 계수

또래애착	문항수	문항번호	신뢰도 계수
의사소통	6	1, 2, 4, 7, 8, 9	.821
신뢰감	4	3, 5, 6, 10	.750
애 착	10	1~10	.869

3. 자아정체감 질문지(Ego Identity Scale)

고등학생의 자아정체감 질문지는 박아청(1996)이 개발한 한국형
자아정체감 질문지를 사용하였다. 이 질문지는 6개의 하위요인, 즉

주체성, 자기수용성, 미래확신성, 목표지향성, 주도성 그리고 친밀성으로 구성되어 있으며 총 48문항으로 이루어져 있다. 본 연구에서는 부정적인 척도로 사용되고 있는 2개의 하위영역(자아정체감 유예와 자아정체감 혼미)의 수준별 문항을 제외하고 3가지의 하위영역(주체성, 자기수용성, 미래확신성)의 13문항만을 사용하였다. 검사지는 '전혀 그렇지 않다'(1점)에서 '매우 그렇다'(4점)를 Likert-style로 반응하도록 하였다. 자아정체감 질문지는 주체성, 자기수용성 및 미래확신성을 합하여 점수가 높은 경우에 자아정체감이 높다고 표현하였다.

자아정체감에 대한 요인분석 결과 제1요인은 3, 4, 8, 9, 13번이 적재되었으며, 제2요인은 2, 6, 10, 12번이 적재되었으며, 제3요인은 1, 5, 7, 11번이 적재되었다. 제1요인은 미래확신성(시간적 경과에 대한 희망의 정도), 제2요인은 자기수용성(자신감을 갖고 자신에 대한 신뢰의 정도), 제3요인은 주체성(주관적인 역할 혹은 환경을 적극적으로 지배하고 영향을 줄 수 있다는 느낌의 정도)으로 명명하였다. 요인분석결과 요인 산정 후 총분산은 '요인 1'이 25%, '요인 2'를 첨가했을 때 17.3%, '요인 3'을 첨가하였을 때 15.9%, 전체 58.2%의 설명변량을 나다내있다(부록 1 참조). 요인별 신뢰도 Cronbach α는 정종권(1998)의 연구에서 .91, 배종훈(2000)은 .88을 나타냈다. 본 연구에서는 .85이었다. 자아정체감 측정도구의 3개 하위요인에 대한 문항은 〈표 Ⅲ-9〉와 같다.

자아정체감	문항수	문항번호	신뢰도 계수
미래확신성	5	3, 4, 8, 9, 13	.885
자기수용성	4	2, 6, 10, 12	.732
주체성	4	1, 5, 7, 11	.726
자아정체감	13	1~13	.852

4. 자기효능감 질문지(Self Efficacy Scale)

본 연구에서 사용된 자기효능감 척도는 비교적 안정성 있는 개인의 자기효능감을 측정하기 위해 만들어진 차정은(1997)의 자기효능감 척도를 사용하였다. 본 검사지는 '전혀 그렇지 않다'(1점)에서 '매우 그렇다'(4점)를 Likert-style로 반응하도록 하였다. 질문지는 자기조절 효능감, 과제난이도 선호 및 자신감을 합하여 점수가 높은 경우에 자기효능감이 높다고 표현하였다.

자기효능감의 요인분석 결과 제1요인은 1, 2, 3, 4, 5, 6, 제2요인은 13, 15, 16, 17, 제3요인은 8, 9, 10, 11, 12번이 적재되었다. 제1요인은 자기조절 효능감(자기관찰, 자기판단, 자기반응과 같은 자기조절적 기제를 잘 적응할 수 있는가에 대한 효능기대 정도), 제2요인은 과제난이도 선호(목표설정 시 도전적이고 구체적인 과제와 목표를 선호하는 정도), 제3요인은 자신감(자신의 능력에 대해 보이는 확신 또는 신념)으로 명명하였다. 요인분석결과 요인 산정 후 총분산은 '요인 1'이 19.0%, '요인 2'를 첨가했을 때 17.6%, '요인 3%'을 첨가하였을 때 16.5%, 전체 53.1%의 설명변량을 나타내었다. 그러나 총 17문항 중에서 문장구성상 애매한 2문항을 제외한 15개 문항을 탑재하였을 때, '요인 1'이 19.7%, '요인 2'를 첨가했을 때 17.6%, '요인 3%'을 첨가하였을 때 17.0%, 전체 54.4%의 설명변량을 나타내었다〈부록 1 참조〉.

요인별 신뢰도 Cronbach α는 차정은(1997) .80, 이은경(2000)의 연구에서는 자신감 요인 .79, 자기조절효능감 요인 .82, 과제난이도 선호 요인은 .80으로 나타났다.

본 연구에서는 자기조절효능감 요인 .78, 과제난이도 선호 요인 .76, 자신감 요인 .79이었으며, 전체에서는 .82를 나타냈다. 자기효능감 측정도구의 3개 하위요인에 대한 문항은 〈표 Ⅲ-10〉과 같다.

〈표 Ⅲ-10〉 자기효능감 질문지 구성과 신뢰도 계수

자기효능감	문항수	문항번호	신뢰도 계수
자기조절효능감	6	1, 2, 3, 4, 5, 6,	.783
과제난이도 선호	4	13, 15, 16, 17,	.764
자신감	5	8, 9, 10, 11, 12	.795
자기효능감	15	1~17	.823

5. 진로결정 수준 질문지(CDS; Career Decision Scale)

본 연구에서는 진로결정 수준을 측정하기 위해서 Osipow 등 (1980)이 개발한 진로결정 수준 검사를 고향자(1992)가 한국어로 번안한 것을 사용하였다. 이 척도는 개인의 진로결정에 방해가 되는 장애요소를 확인하고 진로선택과 관련하여 그가 경험하고 있는 결정 척도를 측정하는 4점 척도의 자기보고식 18개 문항으로 이루어졌으나, 진로선택 확신성 정도를 나타내는 1, 2번과 개방형 질문인 19번 문항을 제외하고 진로결정 정도를 측정하는 16개 문항을 사용하였다. 각 문항은 '전혀 그렇지 않다'(1점)에서 '매우 그렇다'(4점)까지의 Likert식 4점 척도로 평정되었다. 진로결정 수준을 측정하기 위해 긍정문항 15, 16번을 제외하고 1부터 14문항까지의 부정문항을 역으로 채점하였다. 따라서 본 연구에서는 총점이 높을수록 진로결정 수준이 높음을 의미한다.

본 검사지는 대학생을 검사대상으로 타당화 되었다. 그런데 연구자가 1, 2차 예비조사에서 고등학생을 대상으로 적용해 보았는데 별다른 문제점이나 어려움 없이 응답을 얻어낼 수 있었다. 고향자가 검사한 신뢰도와 본 연구에서 검사한 신뢰도에서도 차이가 없었다.

고향자가 보고한 진로결정 검사의 Cronbach α는 반분 신뢰도, 재검사신뢰도는 .86이었으며, 타당도 검증에서도 의사결정유형 변인과의 상관 계수 r이 .24에서 .44로 타당도가 성립되었다. 김은진(2000)의 연구에서는 Cronbach α가 .87이었으며, 본 연구에서의 Cronbach α는 .85였다.

C. 연구의 절차

위의 연구를 실행하기 위하여 먼저 문헌연구를 시작하여 이에 관계되는 참고문헌, 관련논문을 수집하고 여기에 맞는 연구방향 설정과 연구문제를 제기하였다.

이에 질문지를 통한 연구를 실행하기 위하여 선행연구의 자료들을 수집하여, 지도교수, 통계교수의 자문을 거쳐 타당성 및 신뢰성 검증 작업을 수행하였다.

부모의 사회경제적 배경 및 개인변인 9문항, 부애착 25문항, 모애착, 25문항, 또래애착 25문항, 자아정체감 24문항, 자기효능감 24문항, 진로결정 수준 16문항을 작성해서 1차 예비조사(2002. 2. 4~28)를 충청남도 소재 고등학교 20개 고등학교 학생 1,600명을 확률표준에 의하여 실시하였다. 1차 예비조사 후 문항의 진술이 예매한 표현, 변인의 특성에 맞지 않은 문항을 수정 및 보완해서 2차 예비조사를 충청남도 소재 4개 고등학교(인문계 2개교, 실업계 2개교)를 표집하였다. 1·2차 예비조사 후에 결정된 최종 질문 문항 수는 부애착 13문항, 모애착 9문항, 또래애착 10문항, 자아정체감 13문항, 진로결정 수준 16문항으로 통계처리 하였다. 이러한 연구의 절차를 구체적으로 살펴보면 〈표 III-11〉과 같다.

〈표 Ⅲ-11〉 연구의 절차

구 분	일 시	내 용	비 고
문헌연구	2000. 9-2001. 9	연구설계 및 자료수집	
	2001. 9-2001. 12	각종 선행연구 고찰 및 문헌연구	충청남도소재
	2002. 1-2002. 4	1·2차 예비조사 및 본 조사실시	고등학교
조사연구	2002. 5-2002. 6	통계처리 및 분석	
	2002. 7-2002. 8	최종 논문 작성	

D. 자료의 처리

본 연구의 자료처리 방법은 다음과 같다.

첫째, 본 연구에서 사용할 검사 도구들의 문항들이 과연 본래 측정하고자 하는 내용을 제대로 측정하고 있는가에 대한 타당성 여부를 알아보기 위하여 요인분석(Factor Analysis)을 실시했다.

둘째, 각 적재된 요인들의 문항들이 얼마나 신뢰로운가를 규명하기 위하여 문항 내적 신뢰도(Cronbach α)를 산출했다.

셋째, 부모의 경제적 배경, 부애착, 모애착, 또래애착, 자아정체감, 자기효능감 및 진로결정 수준이 고등학생들의 개인변인에 따라 심리적 변인에 차이가 있는가를 분석하기 위하여 t검증(t-test)과 일원변량분석(One-way Anova)을 실시하였다.

넷째, 부모의 경제적 배경, 부애착, 모애착, 또래애착, 자아정체감,

자기효능감 및 진로결정 수준 간의 상대적인 효과를 분석하기 위하여 상관관계분석(Pearson correlation)과 중다회귀분석(Multiple Regression Analysis)을 실시하였다.

다섯째, 부모의 경제적 배경, 부애착, 모애착, 또래애착, 자아정체감, 자기효능감 및 진로결정 수준 간의 인간관계를 설명하기 위하여 경로분석(Path Analysis)을 실시하였다.

Ⅳ. 결과의 해석 및 논의

A. 결과의 해석

1. 고등학생의 개인변인에 따라서 부애착, 모애착, 또래애
착, 자아정체감, 자기효능감 및 진로결정 수준의 차이

a. 성별에 따른 고등학생이 지각한 변인 차이 검증

고등학생의 성별에 따라 변인 차이 검증에 대한 결과는〈표 Ⅳ-1〉
과 같다.

〈표 Ⅳ-1〉성별에 따른 변인 차이 검증

종속변수	성 별	빈 도	평 균	표준편차	t 값
부애착	남	667	34.293	6.394	-1.388
	여	686	34.798	6.964	
모애착	남	667	24.472	4.069	-3.245***
	여	686	25.215	4.348	
또래애착	남	667	28.799	4.977	-4.486***
	여	686	29.959	4.529	
자아정체감	남	667	35.166	6.329	-3.916***
	여	686	36.511	6.306	
자기효능감	남	667	37.442	5.648	.514
	여	686	37.281	5.860	
진로결정수준	남	667	40.778	5.562	-4.915***
	여	686	42.392	6.467	

* p<.05, ** p<.01, *** p<.001

〈표 Ⅳ-1〉은 남녀 성별에 따라 변인 차이가 있는지 알아보기 위하여, 고등학생의 성별에 따라 2개의 집단으로 나누고 성별을 분류변인(독립변인)으로, 6개의 집단 영역을 종속변인으로 하여 t-검증하였다.

t-검증한 결과, 모애착(t = -3.245, p<.001), 또래애착(t = -4.486, p<.001), 자아정체감(t = -3.916, p<.001), 진로결정 수준(t = -4.915, p<.001)에서 남녀 간에 통계적으로 유의한 차가 있는 것으로 나타났다.

부애착, 모애착, 또래애착, 자아정체감, 진로결정 수준은 여고생이 남고생보다 평균 점수가 높았으며, 자기효능감은 남학생이 여학생보다 평균점수가 더 높았다. 특히 부애착은 여자가 남자보다 평균이 높았으며, 자기효능감은 남자가 여자보다 평균이 높았으나, 통계적으로 유의한 차를 나타내지 못했다. 성별에 따라서 부애착, 자기효능감은 유의한 차가 없음을 시사하고 있다.

b. 학교유형에 따른 고등학생이 지각한 변인 차이 검증

고등학생의 학교유형에 따른 변인 차이 검증에 내한 설과는 〈표 Ⅳ-2〉와 같다.

〈표 Ⅳ-2〉 학교유형에 따른 변인 차이 검증

종속변수	계열	빈도	평 균	표준편차	t 값
부애착	인문	806	35.291	6.763	4.992***
	실업	547	33.457	6.436	
모애착	인문	806	25.313	4.233	4.950***
	실업	547	24.164	4.129	
또래애착	인문	806	29.506	4.625	1.109
	실업	547	29.212	5.019	
자아정체감	인문	806	36.605	6.754	5.377***
	실업	547	34.733	5.524	
자기효능감	인문	806	37.578	6.018	1.688
	실업	547	37.040	5.333	
진로결정수준	인문	806	42.273	6.294	5.004***
	실업	547	40.599	5.635	

* p<.05, ** p<.01, *** p<.001

〈표 Ⅳ-2〉는 학교유형에 따라 변인 차이가 있는지 알아보기 위하여, 고등학생의 학교유형에 따라 2개의 집단으로 나누고 학교유형을 분류변인(독립변인)으로, 6개의 집단 영역을 종속변인으로 하여 t-검증하였다.

t-검증한 결과, 부애착(t=-4.992, p<.001), 모애착(t=4.950, p<.001), 자아정체감(t=5.377, p<.001), 진로결정 수준(t=5.004, p<.001)에서 학교유형 간에 통계적으로 유의한 차가 있는 것으로 나타났다. 인문계 고등학생이 실업계 고등학교에 비해서 부애착, 모애착, 또래애착, 자아정체감, 자기효능감, 진로결정 수준의 평균 점수가 높았다. 특히 또래애착, 자기효능감은 인문계가 실업계에 비하여 평균이 높았으나, 통계적으로 유의한 차를 나타내지 못하고 있다. 학교유형에 따라서 또래애착, 자기효능감은 유의한 차가 없음을 시사하고 있다.

c. 아버지 학력에 따른 고등학생이 지각한 변인 차이 검증

아버지 학력에 따른 고등학생이 지각한 변인 차이 검증에 대한
결과는 〈표 Ⅳ-3〉과 같다.

〈표 Ⅳ-3〉 아버지 학력에 따른 변인 차이 검증

종속변수	독립변수	빈 도	평 균	표준편차	F	Scheffé 사후검증 초	중	고	전	대
부애착	초 졸	228	33.219	6.462	12.912***			*		*
	중 졸	280	33.178	6.771				*		*
	고 졸	587	35.029	6.703						*
	전문대졸	63	33.603	5.876						*
	대 졸	195	36.938	6.239						
모애착	초 졸	228	24.622	4.040	2.161					
	중 졸	280	24.546	4.339						
	고 졸	587	24.834	4.239						
	전문대졸	63	24.761	3.411						
	대 졸	195	25.620	4.428						
또래애착	초 졸	228	29.206	5.433	1.801					
	중 졸	280	29.028	4.710						
	고 졸	587	29.553	4.605						
	전문대졸	63	28.476	5.251						
	대 졸	195	29.907	4.433						
자아 정체감	초 졸	228	35.197	5.989	5.193***					*
	중 졸	280	34.907	6.139						*
	고 졸	587	36.029	6.259						
	전문대졸	63	35.936	6.815						
	대 졸	195	37.389	6.888						
자기 효능감	초 졸	228	37.355	5.666	3.525**					ᆈ
	중 졸	280	36.592	5.982						
	고 졸	587	37.262	5.597						
	전문대졸	63	38.269	5.685						
	대 졸	195	38.471	5.857						
진로결정 수준	초 졸	228	41.043	5.797	7.726***					*
	중 졸	280	40.500	5.549						*
	고 졸	587	41.906	5.961						
	전문대졸	63	40.333	5.556						*
	대 졸	195	43.292	7.201						

* p<.05, **p<.01, ***p<.001

〈표 Ⅳ-3〉에서는 아버지의 학력에 따라 변인이 어느 정도 차이를 나타내고 있는가를 변량 분석한 결과 부애착($F=12.912$, $p<.001$), 자아정체감($F=5.193$, $p<.001$), 자기효능감($F=3.525$, $p<.01$), 진로결정 수준($F=7.726$, $p<.001$)은 통계적으로 유의미한 차이를 나타내고 있었다.

아버지의 학력이 높은 학생들이 아버지의 학력이 낮은 학생보다 부애착, 자아정체감, 자기효능감, 진로결정 수준에서 높은 점수를 나타내고 있었다. 이러한 유의한 차가 어떤 집단에서 나타났는지 알아보기 위하여 Scheffé의 사후검증을 한 결과, 부애착에서는 초졸과 고졸 및 대졸, 중졸과 고졸 및 대졸, 고졸과 대졸, 전문대졸과 대졸, 자아정체감에서는 초졸과 대졸, 중졸과 대졸, 자기효능감에서는 중졸과 대졸, 진로결정 수준에서는 초졸과 대졸, 중졸과 대졸, 전문대졸과 대졸 간에 유의한 차가 있는 것으로 나타났다. 그러나 모애착, 또래애착에서는 아버지의 학력 간에는 유의한 차가 없었다.

d. 어머니 학력에 따른 고등학생이 지각한 변인 차이 검증

어머니 학력에 따른 고등학생이 지각한 변인 차이 검증에 대한 결과는 〈표 Ⅳ-4〉와 같다.

〈표 Ⅳ-4〉 어머니 학력에 따른 변인 차이 검증

종속변수	독립변수	빈 도	평 균	표준편차	F	Scheffé 사후검증 초 중 고 전 대
부애착	초 졸	255	33.733	6.631	7.623***	*
	중 졸	387	33.695	6.531		*
	고 졸	601	34.961	6.656		
	전문대졸	32	36.687	7.536		
	대 졸	78	37.410	6.463		
모애착	초 졸	255	24.705	4.133	.703	
	중 졸	387	24.697	3.988		
	고 졸	601	24.970	4.328		
	전문대졸	32	24.343	4.742		
	대 졸	78	25.346	4.695		
또래애착	초 졸	255	28.756	5.107	2.385*	
	중 졸	387	29.147	4.783		
	고 졸	601	29.727	4.628		
	전문대졸	32	29.593	4.578		
	대 졸	78	29.935	4.868		
자아 정체감	초 졸	255	35.745	5.801	3.542**	
	중 졸	387	34.989	6.285		
	고 졸	601	36.226	6.435		
	전문대졸	32	36.156	6.535		
	대 졸	78	37.410	7.201		
자기 효능감	초 졸	255	37.047	5.386	4.694***	* 　 *
	중 졸	387	36.563	5.943		
	고 졸	601	37.727	5.658		
	전문대졸	32	38.531	5.417		
	대 졸	78	39.038	6.282		
진로결정 수준	초 졸	255	41.192	5.784	4.853***	* 　 *
	중 졸	387	40.788	5.567		
	고 졸	601	42.078	6.264		
	전문대졸	32	41.031	6.418		
	대 졸	78	43.448	7.339		

* p<.05, **p<.01, ***p<.001

〈표 Ⅳ-4〉에서는 어머니의 학력에 따라 변인이 어느 정도 차이를 나타내고 있는가를 변량 분석한 결과 부애착(F=7.623, p<.001), 또래애착(F=2.385, p<.05), 자아정체감(F=3.542, p<.01), 자기효능감(F=4.694, p<.001), 진로결정 수준(F=4.853, p<.001)은 통계적으로 유의한 차를 나타내고 있었다.

어머니의 학력이 높은 학생들이 어머니의 학력이 낮은 학생보다 부애착, 또래애착, 자아정체감, 자기효능감, 진로결정 수준에서 높은 점수를 나타내고 있었다. 이러한 유의한 차가 어떤 집단에서 나타났는지 알아보기 위하여 Scheffé의 사후검증을 한 결과, 부애착에서는 초졸과 대졸, 중졸과 대졸, 자기효능감에서는 중졸과 고졸, 중졸과 대졸, 진로결정 수준에서는 중졸과 고졸, 중졸과 대졸간에 유의한 차가 있는 것으로 나타났다. 그러나 모애착에서는 어머니의 학력 간에는 유의한 차가 없었다.

e. 아버지의 직업적 위신에 따른 고등학생이 지각한 변인 차이 검증

아버지의 직업적 위신에 따른 고등학생이 지각한 변인 차이 검증에 대한 결과는 〈표 Ⅳ-5〉와 같다.

〈표 IV-5〉 아버지의 직업적 위신에 따른 변인 차이 검증

종속변수	독립변수	빈도	평균	표준편차	F	Scheffé 사후검증 노	숙	사	관	전
부애착	노무직	137	32.372	6.462	14.816***				*	*
	숙련직	333	33.315	6.102					*	*
	사무직	407	34.366	6.777						*
	관리직	302	35.874	6.242						
	전문직	174	36.758	7.437						
모애착	노무직	137	24.233	4.153	4.075**					*
	숙련직	333	24.369	4.193						*
	사무직	407	24.891	4.176						
	관리직	302	25.076	4.201						
	전문직	174	25.758	4.367						
또래애착	노무직	137	27.678	5.416	8.242***		*	*	*	*
	숙련직	333	29.285	4.540						*
	사무직	407	29.444	4.956						*
	관리직	302	29.397	4.164						
	전문직	174	30.775	4.949						
자아 정체감	노무직	137	34.693	6.134	7.605***					*
	숙련직	333	35.171	6.044						*
	사무직	407	35.447	6.260						*
	관리직	302	36.539	6.380						
	전문직	174	37.793	6.762						
자기 효능감	노무직	137	36.919	6.059	5.347***					*
	숙련직	333	36.552	5.636						*
	사무직	407	37.405	5.754						
	관리직	302	37.463	5.370						
	전문직	174	38.971	6.088						
진로결정 수준	노무직	137	40.854	5.575	6.404***					*
	숙련직	333	40.825	5.844						*
	사무직	407	41.488	5.902						*
	관리직	302	41.821	5.999						
	전문직	174	43.517	7.077						

* p<.05, **p<.01, ***p<.001

〈표 Ⅳ-5〉에서는 아버지의 직업적 위신에 따라 변인이 어느 정도 차이를 나타내고 있는가를 변량 분석한 결과 부애착($F=14.816$, $p<.001$), 모애착($F=4.075$, $p<.01$), 또래애착($F=8.242$, $p<.001$), 자아정체감($F=7.605$, $p<.001$), 자기효능감($F=5.347$, $p<.001$), 진로결정 수준($F=6.404$, $p<.001$)은 통계적으로 유의미한 차이를 나타내고 있었다.

아버지의 직업적 위신이 높은 학생들이 아버지의 직업적 위신 낮은 학생보다 부애착, 모애착, 또래애착, 자아정체감, 자기효능감, 진로결정 수준에서 높은 점수를 나타내고 있었다. 이러한 유의한 차가 어떤 집단 간의 차이에서 나타났는지 알아보기 위하여 Scheffé의 사후검증을 한 결과 부애착에서는 노무직과 관리직 및 전문직, 숙련직과 관리직 및 전문직, 사무직과 전문직, 모애착에서는 노무직과 전문직, 숙련직과 전문직, 또래애착에서는 노무직과 숙련직, 노무직과 사무직, 노무직과 관리직, 노무직과 전문직, 자아정체감에서는 노무직과 전문직, 숙련직과 전문직, 사무직과 전문직, 자기효능감에서는 노무직과 전문직, 숙련직과 전문직, 진로결정 수준에서는 노무직과 전문직, 숙련직과 사무직, 사무직과 전문직 간에 유의한 차가 있는 것으로 나타났다.

f. 가정의 월수입에 따른 고등학생이 지각한 변인 차이 검증

가정의 월수입에 따른 고등학생이 지각한 변인 차이 검증에 대한 결과는 〈표 Ⅳ-6〉과 같다.

〈표 Ⅳ-6〉 가정의 월수입에 따른 변인 차이 검증

종속변수	독립변수	빈도	평균	표준편차	F	Scheffé사후검증 1	2	3	4	5
부애착	1. 50만 원 미만	94	31.914	6.505				*	*	*
	2. 51-150만 원	520	34.080	6.410						*
	3. 151-200만 원	347	34.706	6.617	7.814***					*
	4. 201-300만 원	242	35.252	6.735						
	5. 301만 원 이상	150	36.333	7.245						
모애착	1. 50만 원 미만	94	23.117	4.697			*	*	*	*
	2. 51-150만 원	520	24.573	4.095						
	3. 151-200만 원	347	25.282	3.596	6.500***					
	4. 201-300만 원	242	25.132	4.808						
	5. 301만 원 이상	150	25.433	4.416						
또래애착	1. 50만 원 미만	94	27.776	6.138				*	*	*
	2. 51-150만 원	520	29.082	4.713						
	3. 151-200만 원	347	29.559	4.581	5.283***					
	4. 201-300만 원	242	29.863	4.805						
	5. 301만 원 이상	150	30.286	4.228						
자아 정체감	1. 50만 원 미만	94	34.127	6.211				*	*	*
	2. 51-150만 원	520	34.848	6.028				*	*	*
	3. 151-200만 원	347	36.440	6.081	9.539***					
	4. 201-300만 원	242	37.111	6.542						
	5. 301만 원 이상	150	36.986	7.079						
자기 효능감	1. 50만 원 미만	94	36.925	6.714						
	2. 51-150만 원	520	36.648	5.448					*	*
	3. 151-200만 원	347	37.144	5.309	6.943***					
	4. 201-300만 원	242	38.549	6.069						
	5. 301만 원 이상	150	38.686	6.155						
진로결정 수준	1. 50만 원 미만	94	39.787	5.987					*	*
	2. 51-150만 원	520	40.901	5.662					*	*
	3. 151-200만 원	347	41.809	5.626	7.647***					*
	4. 201-300만 원	242	42.673	6.582						
	5. 301만 원 이상	150	42.906	7.174						

* p<.05, **p<.01, ***p<.001

〈표 Ⅳ-6〉에서는 가정의 월수입에 따라 변인이 어느 정도 차이를 나타내고 있는가를 변량 분석한 결과 부애착($F=7.814$, $p<.001$), 모애착($F=6.500$, $p<.001$), 또래애착($F=5.283$, $p<.001$), 자아정체감($F=9.539$, $p<.001$), 자기효능감($F=6.943$, $p<.001$), 진로결정 수준($F=7.647$, $p<.001$)은 통계적으로 유의한 차를 나타내고 있었다.

가정의 월수입이 높은 학생들이 가정의 월수입이 낮은 학생보다 부애착, 모애착, 또래애착, 자아정체감, 자기효능감, 진로결정 수준에서 높은 점수를 나타내고 있었다. 이러한 유의한 차이가 어떤 집단 간의 차이에서 나타났는지 알아보기 위하여 Scheffé의 사후검증을 한 결과, 부애착에서는 50만 원 미만과 151~200만 원, 201~300만 원, 301만 원 이상, 51~150만 원과 301만 원 이상, 151만 원~200만 원과 301만 원 이상, 모애착에서는 50만 원 미만과 51~150만 원, 151~200만 원, 201~300만 원, 301만 원 이상에서 유의한 차가 있었다. 또래애착에서는 50만 원 미만과 151~200만 원, 201~300만 원, 301만 원 이상, 자아정체감에서는 50만 원 미만과 151~200만 원, 201~300만 원, 301만 원 이상, 51~150만 원과 151~200만 원, 201~300만 원, 301만 원 이상에서 유의한 차가 있었다. 자기효능감에서는 51~150만 원과 201~300만 원, 301만 원 이상, 진로결정 수준에서는 50만 원 미만과 201~300만 원, 301만 원 이상, 51~150만 원과 201~300만 원, 301만 원 이상, 151~200만 원과 301만 원 이상과 유의한 차가 있었다.

2. 개인변인 및 심리적 변인과 진로결정 수준 간의 관계

a. 상관관계 분석

고등학생이 지각한 변인 간의 상관관계를 알아보기 위해 변인 전체의 단순상관계수를 산출하였다. 그 결과는 〈표 Ⅳ-7〉, 〈표 Ⅳ-8〉, 〈표 Ⅳ-9〉와 같다.

1) 부모 사회경제적 배경·부애착·모애착·또래애착 간의 상관관계

고등학생의 부모 사회경제적 배경·부애착·모애착·또래애착 간의 상관관계는 〈표 Ⅳ-7〉과 같다.

〈표 Ⅳ-7〉 부모 사회경제적 배경·부애착·모애착·또래애착 간의 상관관계

(N: 1353)

구 분	부모SES	부신뢰	부의사	부애착	모신뢰	모의사	모애착	또신뢰	또의사	또애착
부모SES	1.000									
부신뢰	.208***	1.000								
부의사	.168***	.620***	1.000							
부애착	.212***	.937***	.855***	1.000						
모신뢰	.066**	.322***	.101***	.258***	1.000					
모의사	.124***	.314***	.313***	.347***	.525***	1.000				
모애착	.117***	.358***	.270***	.357***	.780***	.942***	1.000			
또신뢰	.117***	.216***	.180***	.223***	.239***	.256***	.283***	1.000		
또의사	.095**	.151**	.113**	.150**	.212***	.215***	.241***	.674***	1.000	
또애착	.117***	.204***	.164***	.208***	.248***	.259***	.288***	.931***	.896***	1.000

· 부애착: 부신뢰＋부의사소통, · 모애착: 모신뢰＋모의사소통
· 또래애착: 또래신뢰＋또래의사소통

* p〈.05, ** p〈.01, *** p〈.01

부모 사회경제적 배경·부애착·모애착·또래애착 간의 관계를 알아보기 위해서 변인들 간의 상관계수를 산출한 결과 〈표 Ⅳ-7〉에서 와 같이 부신뢰와 부애착(r=.937, p<.001), 부의사와 부애착(r=.855, p<.001), 모신뢰와 모애착(r=.780, p<.001), 모의사와 모애착(r=.942, p<.001), 또래신뢰와 또래애착(r=.931, p<.001), 또래의사와 또래애착 (r=.896, p<.001)에서 높은 정적 상관을 나타내고 있었다. 위의 결과 는 부모 및 또래와 신뢰감, 의사소통이 높은 학생들이 부모-자녀 간 및 또래와의 애착이 높은 것을 의미하고 있다.

2) 자아정체감·자기효능감 간의 상관관계

고등학생들의 자아정체감·자기효능감 간의 상관관계는 〈표 Ⅳ -8〉과 같다.

〈표 Ⅳ-8〉 자아정체감·자기효능감 간의 상관관계

(N: 1353)

구 분	주체성	자기 수용성	미래 확신성	자아 정체감	자기조절 효능감	자신감	과제 난이도	자기 효능감
주체성	1.000							
자기수용성	.393***	1.000						
미래확신성	.328***	.422***	1.000					
자아정체감	.660***	.763***	.848***	1.000				
자기조절효능감	.562***	.382***	.317***	.511***	1.000			
자신감	.187**	.348***	.190***	.306***	.267***	1.000		
과제난이도	.260***	.202***	.197***	.276***	.333***	.227***	1.000	
자기효능감	.475***	.441***	.329***	.514***	.761***	.713***	.679***	1.000

· 자아정체감: 주체성+자기수용성+미래확신성
· 자기효능감: 자기조절효능감+자신감+과제난이도 선호

* p<.05, ** p<.01, *** p<.001

자아정체감 하위요인, 자기효능감 하위요인 간의 관계를 알아보기 위해서 변인들 간의 상관계수를 산출한 결과 〈표 IV-8〉에서와 같이 주체성과 자아정체감(r=.660, p<.001), 자기수용성과 자아정체감(r=.763, p<.001), 미래확신성과 자아정체감(r=.848, p<.001), 자아정체감과 자기효능감(r=.511, p<.001), 자기조절 효능감과 자기효능감(r=.761, p<.001), 자신감과 자기효능감(r=.713, p<.001), 과제 난이도와 자기효능감(r=.679, p<.001)에서 높은 정적 상관을 나타내고 있었다. 위의 결과는 자아정체감 하위변인인 주체성, 자기수용성, 미래확신성이 높은 학생이 자아정체감이 높으며, 자기효능감 하위변인인 자기조절 효능감, 자신감, 과제난이도가 높은 학생이 자기효능감이 높다. 또한 자아정체감이 높은 학생이 자기효능감이 높은 것을 의미하고 있다.

3) 부모의 사회경제적 배경·부애착·모애착·자아정체감·
   자기효능감·진로결정 수준 간의 상관관계

고등학생의 부모 사회경제적 배경·부애착·모애착·자아정체감·자기효능감·진로결정 수준 간의 상관관계는 〈표 IV-9〉와 같다.

<표 Ⅳ-9〉 부모의 사회경제적 배경·부애착·모애착·자아정체감·자기
효능감·진로결정 수준 간의 상관관계

(N: 1353)

구 분	부모SES	부애착	모애착	또래애착	자아정체감	자기효능감	진로결정수준
부모SES	1.000						
부애착	.212***	1.000					
모애착	.117**	.357***	1.000				
또래애착	.117**	.208***	.288***	1.000			
자아정체감	.167***	.280***	.306***	.223***	1.000		
자기효능감	.127***	.150***	.143***	.136***	.514***	1.000	
진로결정수준	.157***	.124**	.178***	.113**	.627***	.326***	1.000

* p<.05, ** p<.01, *** p<.01

부모의 사회경제적 배경·부애착·모애착·자아정체감·자기효
능감·진로결정 수준 간의 관계를 알아보기 위해서 변인들 간의 상
관계수를 산출한 결과 〈표 Ⅳ-9〉에서와 같이 자아정체감과 자기효
능감($r = .514$, $p < .001$), 자아정체감 진로결정 수준($r = .627$, $p < .001$),
자기효능감과 진로결정 수준($r = .326$, $p < .001$)에서 높은 정적 상관을
나타내고 있었다. 위의 결과는 자아정체감이 높은 학생이 자기효능
감이 높으며, 나아가 자아정체감이 높은 학생이 진로결정 수준이 높
은 것을 의미한다.

b. 중다회귀분석

1) 부모의 사회경제적 배경(SES), 부애착, 모애착, 또래애착이 자아정체감 및 자기효능감에 미치는 영향

a) 부모의 사회경제적 배경(SES), 부애착, 모애착, 또래애착이 자아정체감 및 자아정체감

부모의 사회경제적 배경, 부애착, 모애착 및 또래애착과 자아정체감 간의 관계를 알아보기 위하여 부모의 사회경제적 배경, 부애착, 모애착 및 또래애착을 독립변인으로 하고, 자아정체감을 종속변인으로 하여 중다회귀분석을 실시한 결과는 〈표 Ⅳ-10〉과 같다.

〈표 Ⅳ-10〉 부모의 사회경제적 배경, 부애착, 모애착 및 또래애착이
자아정체감에 미치는 영향

종속변인	독립변인	비표준화계수		표준화계수	t	F	R^2
		B	표준오차	베타			
자아 정체감	(상수)	16.473	1.305		12.621***	59.369***	.150
	부모SES	.210	.057	.094	3.657***		
	부애착	.155	.026	.163	5.938***		
	모애착	.303	.042	.202	7.289***		
	또래애착	.159	.035	.120	4.529***		

*p<.05, **p<.01, ***p<.001

〈표 Ⅳ-10〉을 통해 추정된 회귀식은 다음과 같다.

자아정체감(Y') =16.473 +.210(부모의 사회경제적 배경) +.155(부

애착) + .303(모애착) + .159(또래애착)

회귀모형에 대한 예측력은 15.0%(R^2=.150)로, 이에 대한 F값은 59.369이고, p<.001 수준에서 유의하였다. 각 독립변인의 상대적 기여도를 보기 위해 표준화된 베타값(Beta)을 비교해 보면 모애착 .202, 부애착 .163, 또래애착 .120, 부모의 사회경제적 배경 .094 순으로 종속변인을 설명하는 것으로 나타났다. 독립변인들을 t-test 한 결과 부모의 사회경제적 배경, 부애착, 모애착, 또래애착이 모두 유의하여 이 변인들이 종속변인인 자아정체감을 설명하는 데 매우 적합한 변인들임이 판명되었다.

위의 연구결과를 정리하면, 고등학생의 자아정체감에는 모애착, 부애착, 또래애착, 부모의 사회경제적 배경 순으로 영향을 미치는 것을 알 수 있다.

b) 부모의 사회경제적 배경(SES), 부애착, 모애착, 또래애착 및
　　자기효능감

고등학생들의 부모의 사회경제적 배경(SES), 부애착, 모애착, 또래애착 및 자기효능감과의 관계를 알아보기 위하여 부모의 사회경제적 배경, 부애착, 모애착 및 또래애착을 독립변인으로 하고, 자기효능감을 종속변인으로 하여 중다회귀분석을 실시한 결과는 〈표 Ⅳ-11〉과 같다.

〈표 Ⅳ-11〉 부모의 사회경제적 배경, 부애착, 모애착 및 또래애착이
자기효능감에 미치는 영향

종속변인	독립변인	비표준화계수		표준화계수	t	F	R^2
		B	표준오차	베타			
자기 효능감	(상수)	27.601	1.252		22.042***		
	부모SES	.181	.055	.090	3.298***		
	부애착	7.299E-02	.025	.085	2.915**	16.610***	.047
	모애착	.106	.040	.078	2.655**		
	또래애착	.103	.034	.086	3.061**		

*p<.05, **p<.01, ***p<.001

〈표 Ⅳ-11〉를 통해 추정된 회귀식은 다음과 같다.

자기효능감(Y') = 27.601 + .181(부모의 사회경제적 배경) + 7.299E-02
(부애착) + .106(모애착) + .103(또래애착)

회귀모형에 대한 예측력은 4.7%(R^2=.047)로, 이에 대한 F값은
16.610이고, p<.001 수준에서 유의하였다. 각 독립변인의 상대적 기
여도를 보기 위해 표준화된 베타값(Beta)을 비교해 보면 부모의
사회경제적 배경 .090, 또래애착 .086, 부애착 .085, 모애착 .078 순
으로 종속변인을 설명하는 것으로 나타났다. 독립변수들을 t-검증
한 결과 부모의 사회경제적 배경, 부애착, 모애착, 또래애착이 유
의하였다.

상기의 내용을 정리하면, 자기효능감에는 부모의 사회경제적 배
경, 부애착, 모애착, 또래애착이 모두 영향을 미치고 있으나, 모형
에 대한 예측력은 낮은 것으로 나타났다. 따라서 고등학생들의 자
기효능감에 영향을 미치는 요인으로 부모의 사회경제적 배경, 부

애착, 모애착 및 또래애착 외의 요인들에 대한 관찰이 필요하다고
사료된다.

2) 부모의 사회경제적 배경(SES), 부애착, 모애착, 또래애착,
   자아정체감이 진로결정 수준에 미치는 영향

a) 부모의 사회경제적 배경(SES), 부애착, 모애착, 또래애착, 자아
   정체감 및 진로결정 수준

부모의 사회경제적 배경, 부애착, 모애착, 또래애착, 자아정체감
및 진로결정 수준과의 관계를 알아보기 위하여 부모의 사회경제적
배경, 부애착, 모애착, 또래애착 및 자아정체감을 독립변인으로 하
고, 진로결정 수준을 종속변인으로 하여 중다회귀분석을 실시한
결과는 〈표 Ⅳ-12〉와 같다.

〈표 Ⅳ-12〉 부모의 사회경제적 배경, 부애착, 모애착, 또래애착,
          자아정체감이 진로결정 수준에 미치는 영향

종속변인	독립변인	비표준화계수		표준화계수	t	F	R^2
		B	표준오차	베타			
진로결정 수준	(상수)	21.213	1.112		19.079***	179.875***	.400
	부모SES	.143	.046	.067	3.072**		
	부애착	-5.99E-02	.021	-.066	-2.812**		
	모애착	9.417E-03	.034	.007	.276		
	또래애착	-3.21E-02	.028	-.025	-1.127		
	자아정체감	.612	.022	.638	27.871***		

*p<.05, **p<.01, ***p<.001

〈표 Ⅳ-12〉를 통해 추정된 회귀식은 다음과 같다.

진로결정 수준(Y') = 21.213 + .143(부모의 사회경제적 배경) + 5.99E-02(부애착) + 9.417E-03(모애착) + 3.21E-02(또래애착) + .612 (자아정체감)

회귀모형에 대한 예측력은 40.0%(R^2 = .400)로 이에 대한 F값은 179.875이고, p<.001 수준에서 유의하였다. 각 독립변인의 상대적 기여도를 보기 위해 표준화된 베타값(Beta)을 비교해 보면 자아정체감 .638, 부모의 사회경제적 배경 .067, 부애착 -.066, 또래애착 -.025, 모애착 .007 순으로 종속변인을 설명하는 것으로 나타났다. 독립변인들을 t-검증한 결과 자아정체감, 부모의 사회경제적 배경, 부애착이 통계적으로 유의하였다.

통계 분석결과, 고등학생의 진로결정 수준에는 자아정체감, 부모의 사회경제적 배경, 부애착이 중요한 변인으로 기여하고 있었으나, 모애착, 또래애착은 진로결정 수준에 영향을 미치지 못하는 요인으로 판명되었으므로 이외의 요인들에 대한 탐색이 필요하다고 사료된다.

b) 부모의 사회경제적 배경(SES), 부애착, 모애착, 또래애착, 자기효능감 및 진로결정 수준

부모의 사회경제적 배경(SES), 부애착, 모애착, 또래애착, 자기효능감 및 진로결정 수준과의 관계를 알아보기 위하여 부모의 사회경제적 배경, 부애착, 모애착, 또래애착 및 자아정체감을 독립변인으로 하고, 진로결정 수준을 종속변인으로 하여 중다회귀분석을 실시한 결과는 〈표 Ⅳ-13〉과 같다.

〈표 IV-13〉 부모의 사회경제적 배경(SES), 부애착, 모애착, 또래애착, 자기효능감이 진로결정 수준에 미치는 영향

종속변인	독립변인	비표준화계수		표준화계수	t	F	R^2
		B	표준오차	베타			
진로결정 수준	(상수)	22.135	1.482		15.470***	44.455***	.142
	부모SES	.219	.055	.103	3.943***		
	부애착	1.130E-02	.025	.012	.448		
	모애착	.166	.040	.116	4.147***		
	또래애착	3.670E-02	.034	.029	1.082		
	자기효능감	.285	.027	.301	11.689***		

*p<.05 **p<.01 ***p<.001

〈표 IV-13〉을 통해 추정된 회귀식은 다음과 같다.

진로결정수준(Y') =22.135+.219(부모의 사회경제적 배경) + 1.130E-02(부애착) +.166(모애착) +3.670E-02(또래애착) +.285(자기효능감)

회귀모형에 대한 예측력은 14.2%(R^2=.142)로 이에 대한 F값은 44.455이고, p<.001 수준에서 유의하였다. 각 독립변인의 상대적 기여도를 보기 위해 표준화된 베타값(Beta)을 비교해 보면 자기효능감 .301, 모애착 .116, 부모의 사회경제적 배경 .103, 또래애착 .029, 부애착 .012 순으로 종속변인을 설명하는 것으로 나타났다. 독립변수들을 t-test한 결과 자기효능감, 부모의 사회경제적 배경, 모애착이 통계적으로 유의하여 이 변인들이 종속변인인 진로결정 수준을 설명하는 데 적합한 변인들임이 판명되었다.

그러나 부애착, 또래애착은 진로결정 수준에 영향을 미치지 못하는 요인으로 판명되어 기타 요인들에 대한 이론적 탐색이 필요

하다고 사료된다.

c. 경로분석

개인변인과 심리적 변인들이 진로결정 수준에 미치는 직접적인 영향과 함께 자아정체감, 자기효능감을 매개로 한 간접적 영향을 알아보기 위하여 경로분석을 실시하였다.

1) 자아정체감을 매개로 한 개인변인과 심리적 변인이 진로 결정 수준에 미치는 경로모형 분석

고등학생이 지각한 개인변인(부모의 사회경제적 배경)과 심리적 변인(부애착, 모애착, 또래애착, 자아정체감)이 진로결정 수준에 미치는 경로모형은 [그림 Ⅳ-1]과 같다.

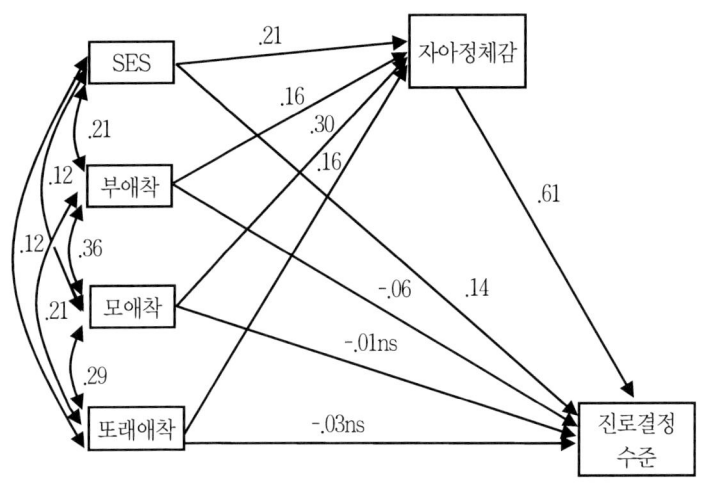

[그림 Ⅳ-1] 자아정체감을 매개로 한 관련변인과
진로결정 수준간의 경로모형 결과

[그림 Ⅳ-1]에서는 부모의 사회경제적 배경(SES), 부애착, 모애
착, 또래애착, 자아정체감 및 진로결정 수준 간의 관계를 설명하기
위해서 경로모형을 제시한 것이다. 자아정체감을 매개변인으로 하
기 위하여 하위변인인 주체성, 자기수용성, 미래확신성을 모두 합
한 점수를 사용하였다. 부모의 사회경제적 배경, 부애착, 모애착
및 또래애착 변인은 외생변인으로 간주되었으며, 모두 자아정체감
에 영향을 미친다. 그리고 이 변인들은 모두 종속변인인 진로결정
수준에 영향을 미치는 것으로 인과관계가 설정되었다. 자아정체감
을 매개로 분석하였을 때, 진로결정 수준에는 부모의 사회경제적
배경, 부애착이 직접적인 영향을 미쳤다. 이에 반해 모애착, 또래
애착은 진로결정 수준에 직접적인 영향을 미치지는 못하나 자아정

체감을 통해 간접적인 영향을 미치는 것으로 나타났다.

부모의 사회경제적 배경과 부애착, 부모의 사회경제적 배경과 모애착, 부모의 사회경제적 배경과 또래애착, 부애착과 모애착, 부애착과 또래애착, 모애착과 또래애착 사이의 계수는 두 변인 간의 단순상관계수(r)이며, 나머지는 경로계수의 값들을 나타낸다. 그리고 이 모형에 포함된 변인들 간의 공변량의 분석과 그것의 분석결과는 〈표 Ⅳ-14〉, 〈표 Ⅳ-15〉와 같다.

〈표 IV-14〉 자아정체감을 매개로 한 관련변인간의 경로모형에서의 공변량 분석

구 분	X_2X_1	X_3X_1	X_4X_1	X_3X_2	X_4X_2	X_4X_3	X_5X_1	X_5X_2	X_5X_3	X_5X_4	X_6X_1	X_6X_2	X_6X_3	X_6X_4	X_6X_5
(a) 공변량	r_{21}	r_{31}	r_{41}	r_{32}	r_{42}	r_{43}	r_{51}	r_{52}	r_{53}	r_{54}	r_{61}	r_{62}	r_{63}	r_{64}	r_{65}
(b) 인과효과	-	-	-	-	-	-	P_{51}	P_{52}	P_{53}	P_{54}	$P_{61}+$ $(P_{51}{\times}P_{65})$	$P_{62}+$ $(P_{52}{\times}P_{65})$	$P_{63}+$ $(P_{53}{\times}P_{65})$	$P_{64}+$ $(P_{54}{\times}P_{65})$	P_{65}
(c) 직접효과	-	-	-	-	-	-	P_{51}	P_{52}	P_{53}	P_{54}	P_{61}	P_{62}	P_{63}	P_{64}	P_{65}
(d) 간접효과	-	-	-	-	-	-	-	-	-	-	$P_{51}{\times}P_{65}$	$P_{52}{\times}P_{65}$	$P_{52}{\times}P_{65}$	$P_{52}{\times}P_{65}$	-

〈표 IV-15〉 자아정체감을 매개로 한 관련변인간의 경로모형에서의 공변량 분석 결과

구 분	부에·부모SES	모에·부모SES	포에·부모SES	모에·부에	포에·모에	포에·부에	정체·부모SES	정체·부에	정체·모에	정체·포에	진로·부모SES	진로·부에	진로·모에	진로·포에	진로·정체
(a) 공변량	.21	.12	.12	.36	.21	.29	.17	.28	.31	.22	.16	.12	.18	.11	.63
(b) 인과효과	-	-	-	-	-	-	.21	.16	.30	.16	.27	.04	.17	.07	.61
(c) 직접효과	-	-	-	-	-	-	.21	.16	.30	.16	.14	-.06	-.01	-.03	.61
(d) 간접효과	-	-	-	-	-	-	-	-	-	-	.13	.10	.18	.10	-

(X_1: 부모 사회경제적 배경, X_2: 부에착, X_3: 모에착, X_4: 포에착, X_5: 자아정체감, X_6: 진로결정)

〈표 IV-15〉에서와 같이 부애착과 부모의 사회경제적 배경의 공변량 .21, 모애착과 부모의 사회경제적 배경의 공변량 .12, 또래애착과 부모의 사회경제적 배경의 공변량 .12, 모애착과 부애착의 공변량 .36, 또래애착과 부애착의 공변량 .21, 또래애착과 모애착의 공변량 .29는 이들 변인이 외생변인으로 경로모형에 포함되었기 때문에 주어진 것으로 간주되어 분석될 수 없다.

자아정체감과 부모의 사회경제적 배경의 공변량 .17은 부모의 사회경제적 배경이 자아정체감에 미치는 직접효과 .21과 나머지의 두 구성요소로 분해된다. 이 나머지 부분은 부모의 사회경제적 배경과 다른 외생변인과의 비인과적인 공변량으로 인하여 더 이상 분석될 수 없다.

자아정체감과 부애착의 공변량 .28은 부애착이 자아정체감에 미치는 직접효과 .16과 나머지의 두 구성요소로 분해된다. 이 나머지 부분은 부애착과 다른 외생변인과의 비인과적인 공변량으로 인하여 더 이상 분석될 수 없다.

자아정체감과 모애착의 공변량 .31은 모애착이 자아정체감에 미치는 직접효과 .30과 나머지의 두 구성요소로 분해된다. 이 나머지 부분은 모애착과 다른 외생변인과의 비인과적인 공변량으로 인하여 더 이상 분석될 수 없다.

자아정체감과 또래애착의 공변량 .22는 또래애착이 자아정체감에 미치는 직접효과 .16과 나머지의 두 구성요소로 분해된다. 이 나머지 부분은 또래애착과 다른 외생변인과의 비인과적인 공변량으로 인하여 더 이상 분석될 수 없다.

이러한 통계적 결과를 정리하면 자아정체감과 모애착, 부모의 사회경제적 배경, 부애착, 또래애착 간에는 인과적 효과가 우세함을 알 수 있다.

진로결정 수준과 부모의 사회경제적 배경과의 공변량은 부모의 사회경제적 배경이 진로결정 수준에 미치는 직접효과 .14와 자아정체감을 통해 미치는 간접효과 .13을 합한 인과적 효과 .27로 설명될 수 있다. 따라서 부모의 사회경제적 배경은 직접적으로 진로결정 수준에 영향을 미치고, 자아정체감을 통해서 간접적으로도 영향을 미치는 것으로 나타났다.

진로결정 수준과 부애착에 대한 분석결과, 부애착이 진로결정 수준에 직접적으로 미치는 효과는 -.06으로 매우 작다. 그러나 부애착이 자아정체감을 통해서 진로결정 수준에 간접적으로 미치는 효과는 .10으로 산출되었다. 따라서 부애착이 종속변수인 진로결정 수준에 미치는 효과계수는 직접효과와 간접효과를 합하여 .04가 되며, 부애착과 진로결정 수준의 공변량의 나머지 부분은 비인과적 효과로 더 이상 분석되지 않은 채로 남게 된다.

진로결정 수준과 모애착의 관계는 모애착이 진로결정 수준에 미치는 직접효과는 통계적으로 유의하지 않았고 자아정체감을 통한 간접효과만이 인과적 효과로 설명될 수 있다. 따라서 모애착이 진로결정 수준에 직접적인 영향을 미치지 못하고 있으나 매개변인인 자아정체감을 통해서 간접적으로 영향을 미치는 것으로 나타났다.

진로결정 수준과 또래애착관계는 또래애착이 진로결정 수준에 미치는 직접효과는 통계적으로 유의하지 않았고, 자아정체감을 통해 미치는 간접효과만이 인과적 효과로 설명될 수 있다. 따라서 또래애착이 진로결정 수준에 직접적인 영향은 미치지 못하고 있으나 매개변인인 자아정체감을 통해서 간접적으로 영향을 미치는 것으로 나타났다.

한편, 이 모형에서 자아정체감이 종속변인인 진로결정 수준에 미치는 직접효과는 .61이다. 두 변인 사이의 나머지 공변량은 두 변인이 외생변인들을 공유하는 데 기인하는 의사상관계수(spurious correlation)이다. 따라서 고등학생들의 진로결정 수준을 향상시키기 위해서는 개인요인, 심리적 요인을 고려한 진로지도 및 진로상담이 이루어져야 한다.

2) 자기효능감을 매개로 한 개인변인과 심리적 변인이 진로결정 수준에 미치는 경로모형 분석

고등학생이 지각한 개인변인(부모의 사회경제적 배경)과 심리적 변인(부애착, 모애착, 또래애착, 자기효능감)이 진로결정 수준에 미치는 경로모형은 [그림 Ⅳ-2]와 같다.

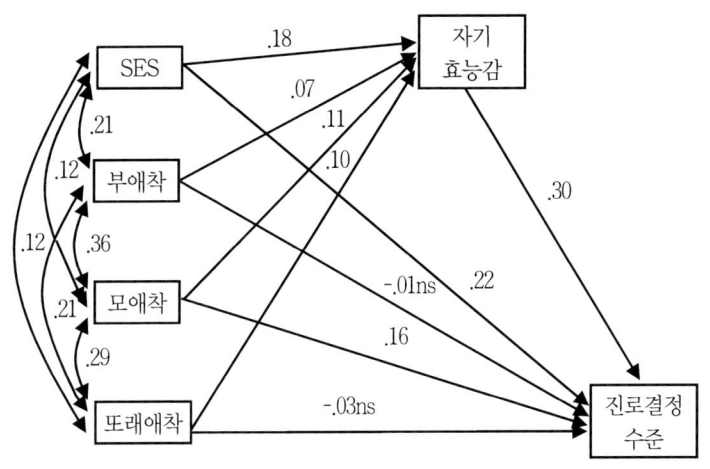

[그림 Ⅳ-2] 자기효능감을 매개로 한 관련변인과
진로결정 수준간의 경로모형 결과

[그림 Ⅳ-2]에서는 부모의 사회경제적 배경, 부애착, 모애착, 또 래애착, 자기효능감 및 진로결정 수준 간의 관계를 설명하기 위해 서 경로모형을 제시한 것이다. 자기효능감을 매개변인으로 하기 위하여 하위변인인 자기조절 효능감, 과제난이도 선호, 자신감을 모두 합한 점수로 사용하였으며, 부모의 사회경제적 배경, 부애착, 모애착 및 또래애착 변인을 외생변인으로 간주하였다.

자기효능감을 매개로 분석하였을 때, 진로결정 수준에는 부모의 사회경제적 배경, 모애착이 직접적인 영향을 미쳤다. 이에 반해 부 애착, 또래애착은 진로결정 수준에 직접적인 영향을 미치지는 못 하나 자기효능감을 통해 간접적인 영향을 미치는 것으로 나타났다. 부모의 사회경제적 배경과 부애착, 부모의 사회경제적 배경과

모애착, 부모의 사회경제적 배경과 또래애착, 부애착과 모애착, 부
애착과 또래애착, 모애착과 또래애착 사이의 계수는 두 변인 간의
단순상관계수(r)이며, 나머지는 경로계수의 값들을 나타낸다. 그리
고 이 모형에 포함된 변인들 간의 공변량의 분석과 그것의 분석결
과는 〈표 IV-16〉, 〈표 IV-17〉과 같다.

표 IV-16 자기효능감을 매개로 한 관련변인간의 경로모형에서의 공변량 분석

구 분	X_2X_1	X_3X_1	X_4X_1	X_3X_2	X_4X_2	X_4X_3	X_5X_1	X_5X_2	X_5X_3	X_5X_4	X_6X_1	X_6X_2	X_6X_3	X_6X_4	X_6X_5
(a) 공변량	r_{21}	r_{31}	r_{41}	r_{32}	r_{42}	r_{43}	r_{51}	r_{52}	r_{53}	r_{54}	r_{61}	r_{62}	r_{63}	r_{64}	r_{65}
(b) 인과효과	–	–	–	–	–	–	P_{51}	P_{52}	P_{53}	P_{54}	$P_{61}+$ $(P_{51}\times P_{65})$	$P_{62}+$ $(P_{52}\times P_{65})$	$P_{63}+$ $(P_{53}\times P_{65})$	$P_{64}+$ $(P_{54}\times P_{65})$	P_{65}
(c) 직접효과	–	–	–	–	–	–	P_{51}	P_{52}	P_{53}	P_{54}	P_{61}	P_{62}	P_{63}	P_{64}	P_{65}
(d) 간접효과	–	–	–	–	–	–	–	–	–	–	$P_{51}\times P_{65}$	$P_{52}\times P_{65}$	$P_{52}\times P_{65}$	$P_{52}\times P_{65}$	–

표 IV-17 자기효능감을 매개로 한 관련변인간의 경로모형에서의 공변량 분석 결과

구 분	부예·부모SES	모예·부모SES	표예·부모SES	모예·부예	표예·부예	표예·모예	효능·부모SES	효능·부예	효능·모예	효능·표예	진로·부모SES	진로·부예	진로·모예	진로·표예	진로·효능
(a) 공변량	.21	.18	.18	.36	.21	.29	.13	.15	.14	.14	.16	.12	.18	.11	.33
(b) 인과효과	–	–	–	–	–	–	.18	.07	.11	.10	.27	.03	.19	.06	.30
(c) 직접효과	–	–	–	–	–	–	.18	.07	.11	.10	.22	.01	.16	.03	.30
(d) 간접효과	–	–	–	–	–	–	–	–	–	–	.05	.02	.03	.03	–

(X_1: 부모 사회경제적 배경, X_2: 부예차, X_3: 모예차, X_4: 표예차, X_5: 자기효능감, X_6: 진로결정)

〈표 Ⅳ-17〉에서와 같이 부애착과 부모의 사회경제적 배경의 공변량 .21, 모애착과 부모의 사회경제적 배경의 공변량 .12, 또래애착과 부모의 사회경제적 배경의 공변량 .12, 모애착과 부애착의 공변량 .36, 또래애착과 부애착의 공변량 .21, 또래애착과 모애착의 공변량 .29는 이 네 변인이 외생변인으로 경로모형에 포함되었기 때문에 주어진 것으로 간주되어 분석될 수 없다.

자기효능감과 부모의 사회경제적 배경의 공변량 .13은 부모의 사회경제적 배경이 자기효능감에 미치는 직접효과 .18과 나머지의 두 구성요소로 분해된다. 이 나머지 부분은 부모의 사회경제적 배경과 다른 외생변인과의 비인과적인 공변량으로 인하여 더 이상 분석될 수 없다.

자기효능감과 부애착의 공변량 .15는 부애착이 자기효능감에 미치는 직접효과 .07과 나머지의 두 구성요소로 분해된다. 이 나머지 부분은 부애착과 다른 외생변인과의 비인과적인 공변량으로 인하여 더 이상 분석될 수 없다.

자기효능감과 모애착의 공변량 .14는 자기효능감이 모애착에 미치는 직접효과 .11과 나머지의 두 구성요소로 분해된다. 이 나머지 부분은 모애착과 다른 외생변인과의 비인과적인 공변량으로 인하여 더 이상 분석될 수 없다.

자기효능감과 또래애착의 공변량 .14는 자기효능감이 또래애착에 미치는 직접효과 .10과 나머지의 두 구성요소로 분해된다. 이 나머지 부분은 부애착과 다른 외생변인과의 비인과적인 공변량으로 인하여 더 이상 분석될 수 없다.

이러한 통계적 결과를 정리하면 자기효능감과 부모의 사회경제적 배경, 모애착, 또래애착, 부애착 간에는 인과적 효과가 우세함을 알 수 있다.

진로결정 수준과 부모의 사회경제적 배경과의 관계는 부모의 사회경제적 배경이 진로결정 수준에 미치는 직접효과 .22와 자기효능감을 통해 미치는 간접효과 .05를 합한 인과적 효과 .27로 설명될 수 있다. 따라서 부모의 사회경제적 배경은 진로결정 수준에 영향을 미치고, 자기효능감을 통해서 간접적으로도 영향을 미치는 것으로 나타났다.

진로결정 수준과 부애착의 관계는 부애착이 진로결정 수준에 직접적으로 미치는 직접효과는 통계적으로 유의하지 않았고 자기효능감을 통한 간접효과만이 인과적 효과로 설명될 수 있다. 따라서 부애착이 진로결정 수준에 직접적으로 영향을 미치지 못하고 있으나 매개변인인 자기효능감을 통해서 간접적으로도 영향을 낮게 미치고 있었다.

진로결정 수준과 모애착의 관계는 모애착이 진로결정 수준에 미치는 직접효과 .16와 자기효능감을 통해 미치는 간접효과 .03을 합한 인과적 효과 .19로 설명될 수 있다. 따라서 모애착이 진로결정 수준에는 모애착에 직접적으로도 영향을 미치고, 매개변인인 자기효능감을 통해서 간접적으로 영향을 미치는 것으로 나타났다.

진로결정 수준과 또래애착의 관계는 또래애착이 진로결정 수준에 직접적으로 미치는 직접효과는 통계적으로 유의하지 않았고 자기효능감을 통한 간접효과만이 인과적 효과로 설명될 수 있다. 따라서 또래애착이 진로결정 수준에 직접적인 영향은 미치지 못하고 있으나 매개변인인 자기효능감을 통해서 간접적으로 영향을 미치는 것으로 나타났다.

한편, 이 모형에서 자기효능감이 종속변인인 진로결정 수준에 미치는 직접효과는 .30이다. 두 변인 사이의 나머지 공변량은 두 변인이 외생변인들을 공유하는 데 기인하는 의사상관계수이다. 따라서 고등학생들의 진로결정 수준을 향상시키기 위해서는 개인요인, 심리적 요인을 고려해서 자신감을 향상시키고, 자신감이 축적된 고등학생들에게 진로상담을 통해서 계획적인 진로지도가 이루어지도록 해야 한다.

B. 논 의

본 연구의 분석결과를 중심으로 선행연구와 비교하여 논의하면 나음과 같다.

1. 고등학생들의 개인변인에 따른 부애착, 모애착, 또래애 착, 자아정체감, 자기효능감 및 진로결정 수준의 차이

본 연구에서 분석한 결과, 고등학생의 성별에 따라서 모애착, 또 래애착, 자아정체감, 진로결정 수준에서 유의미한 차이가 있었다. 여학생이 남학생보다 진로결정 수준, 부애착, 모애착, 또래애착, 자 아정체감에서 평균점수가 더 높았으나, 자기효능감에서는 남학생 이 여학생보다 평균점수가 높았다.

여학생이 남학생보다 진로결정 수준이 높다는 것은 진로태도 성 숙이 여학생이 남학생보다 높다는 김현옥(1989), 이기학(1997), 배 종훈(2000), Taylor(1979)와 일치하고 있다. 그러나 남학생이 여학 생보다 진로결정 수준이 높다는 고향자(1992), 김동준(1997), 김은 진(2000), 박수길(2000), 이영선(1999), Westbrook과 동료들(1985) 의 연구결과와는 일치하지 않았다. 또한 남학생과 여학생의 진로 성숙 및 진로결정 수준에는 차이가 없다는 강경찬(1996), 서우석 (1994), Buck와 Daniels(1984)와도 일치하지 않았다.

본 연구의 결과에 따르면, 부모-자녀 간의 애착은 남학생보다는 여학생을 예측하는 중요한 변인이라는 Kenny 와 Donaldson(1991) 의 연구와 일치하고 있었다. 또한 자기효능감은 남학생이 여학생보 다 높다는 Lucas와 Epperson(1990)의 연구와 일치하고 있다.

이와 같이 성별에 따라서 진로결정 수준에 미치는 영향이 연구 자에 따라서 연구결과가 병존하는 것은 대학생의 경우 우리나라의 사회적 현실과 직업선택 폭의 제한, 취업난으로 인하여 여학생들이 진로결정 수준에 소극적인 태도를 보이고 있는 것으로 나타났기 때문이다. 그러나 본 연구에서는 고등학생들을 대상으로 하였기 때문에 남학생보다는 여학생이 진로에 대한 전반적인 인지능력이 높으며, 진로에 대한 준비를 많이 하는 것으로 나타난 결과로 해석할 수 있다.

학교유형의 경우 인문계가 실업계보다 부모의 사회경제적 배경, 부애착, 모애착, 또래애착, 자아정체감, 자기효능감, 진로결정 수준에서 높았다. 이러한 결과는 인문계 고등학생들이 실업계 고등학생보다 진로태도 성숙도가 높다는 이기학(1997), Fitzgerald와 Betz(1994), Herr와 Enderlein(1976), Holloway(1967), Pavlak(1981)의 연구와는 일치하였다. 이러한 연구의 결과는 실업계 고등학생들의 경우 입학 시 중학교 성적이 하위권에 있는 학생들이 입학하고 있기 때문이다. 특히 가정의 재정이 열악하기 때문에 부모-자녀 간의 대화가 부족하고, 그로 인해서 정체성 형성이 약하고 자신감의 결여로 이어진다고 볼 수 있다. 이러한 상황에서 고교 졸업 후 곧바로 산업현장에 나가는 실업계 고등학생들의 경우 어떤 직업을 가져야 할지에 대한 결정된 사항이 없고, 직업적 무정체감(nonidentities)으로 학교를 졸업할 경우에는 전반적으로 사회에서의 진로 실패를 가져올 수 있다. 따라서 이들의 진로적응 능력 배양을 위한 다각적 시도가 필요할 것으로 본다.

아버지의 학력이 높은 학생이 아버지의 학력이 낮은 학생보다 부애착, 자아정체감, 자기효능감, 진로결정 수준에서 높은 점수를 나타내고 있으나, 모애착, 또래애착에서는 아버지의 학력 간에는 유의미한 차이가 없는 것으로 나타났다.

어머니의 학력에 따라서는 부애착, 자기효능감, 진로결정 수준에서 유의미한 차이가 있었다. 부모의 직업적 위신에 따라서는 부모의 직업적 위신이 높은 학생들이 부모의 직업적 위신이 낮은 학생보다 부애착, 모애착, 또래애착, 자아정체감, 자기효능감, 진로결정 수준에서 평균에서 높은 점수를 나타내고 있었다.

가정의 월수입에 따라서는 가정의 월수입이 높은 학생들이 가정의 월수입이 낮은 학생보다 부애착, 모애착, 또래애착, 자아정체감, 자기효능감, 진로결정 수준에서 높은 점수를 나타내고 있었다. 이는 낮은 수준의 직업포부와 성취는 가족의 변화된 재정 상태의 결과이다라는 Amato(1988), Mueller와 Cooper(1986), Jackson(1996)의 결과와도 일치하고 있다.

진로결정 수준에 영향을 미치는 가장 중요한 변인은 사회경제적 배경이라는 권정숙(1992), Hillman(1983), Hillman과 Ventura(1992)와의 연구결과와도 일치하였다. 그러나 어머니와의 불일치 결과는 의미 있는 결과라고 볼 수 있다. 즉 어머니의 경우에는 어떤 상황에서도 자식과의 애정적 관계를 유지하고 있다고 볼 수 있다.

결국 부모의 사회경제적 배경이 높은 학생들이 진로결정 수준이 높다는 것은 부모와의 애착이 애정적으로 형성된 학생들이 정체감이 형성되고, 정체감이 형성된 학생들이 진로선택 능력이 높다는 것을 나타내고 있다. 이는 부모와의 안정적 애착관계가 자아를 발견할 수 있으며, 자기에 대한 깨달음, 자기실현을 통해 합리적 진로선택을 할 수 있다는 것이다. 즉 부모-자녀 간의 의사소통과 신뢰감은 부모-자녀 간의 서로를 이해하고 지원하며 감정이입을 경험하도록 하고 또래를 받아들이게 한다. 따라서 학교에서의 교육의 방향도 부모-자녀 간의 신뢰감과 의사소통, 또래와의 신뢰감과 의사소통, 부모의 사회경제적 배경을 고려한 체계적인 진로지도와 진로상담이 활성화될 수 있도록 노력해야 한다.

2. 부모의 사회경제적 배경(SES), 부애착, 모애착, 또래애착이 자아정체감 및 자기효능감에 미치는 영향

1) 부모의 사회경제적 배경, 부애착, 모애착, 또래애착이 자아정체감에 미치는 영향

부모의 사회경제적 배경, 부애착, 모애착, 또래애착이 자아정체감에 영향을 미치는 변인으로 판명되었다. 각 독립변인의 표준화된 베타값(Beta)을 비교해 보면 모애착 .202, 부애착 .163, 또래애착 .120, 부모의 사회경제적 배경(SES) .094의 순으로 종속변인을 설명하는데 기여하는 것으로 나타났다. 이러한 연구의 결과는 부모의 사회경제적 배경이 자아정체감에 영향을 미친다는 박완성(1990), 송설희(1993), 김영옥(1996), 이승국(1999), Dillard와 Perrin(1980),

Lopez(1989)의 견해와 일치한다.

부모애착, 또래애착이 자아정체감에 영향을 미친다는 정인숙(1979), 정정숙(1994), 이승국(1995), 장휘숙(1999), Lavoie(1976), Greenberg와 동료(1983)의 견해와 일치하였다. 본 연구결과에서는 고등학생의 자아정체감에는 모애착, 부애착, 또래애착, 부모의 사회경제적 배경 순으로 영향을 미치고 있다. 이러한 결과는 Erikson(1980)의 어머니와 자녀 간의 상호관계성에서 정체성이 형성된다는 견해와 일치된 결과를 나타내고 있다. 그러나 자아정체감은 아동기와 성인기 사이에서의 전환이 일어나는 청년후기(대학생)에 보다 강조점을 두고 있는 정종권(1998), 이차선(1998)의 연구결과와는 일치하지 않았다.

이는 가정생활에서의 적응이 자아정체감 형성에 기초적이고도 중요한 변인이며, 가정생활에 적응이 잘되면 잘 될수록 자아정체감의 성장 역시 원만하게 형성되어 간다는 점과 고등학교까지는 가정생활이 주요한 영향을 미친다는 것을 보여주고 있으며, 자아정체감 형성은 고등학교 시기가 중요하다는 결론이 도출된다. 따라서 청소년기에서 성인기에로의 이행과정이 성공적으로 이루어지기 위해서는 부모-자녀 간에 변함없는 친애관계를 유지하여야 하며, 또한 부모의 사회경제적 배경이 낮은 학생들이나 부모가 없는 학생, 친구가 없는 학생들에게 특별한 애정과 배려, 관심을 기울여 지도하여야 한다.

2) 부모의 사회경제적 배경, 부애착, 모애착, 또래애착이 자기
   효능감에 미치는 영향

자기효능감에는 부모의 사회경제적 배경, 부애착, 모애착, 또래
애착이 모두 영향을 미치고 있으나, 모형에 대한 예측력은 낮은
것으로 나타났다. 각 독립변인의 표준화된 베타값(Beta)을 비교해
보면, 부모의 사회경제적 배경 .090, 또래애착 .086, 부애착 .085, 모
애착 .078의 순으로 종속변인을 설명하고 있었다.

이와 같은 결과는 부모의 사회경제적 배경과 자기효능감에는 의
미 있는 결과를 가지고 있다는 남미숙(1998), 윤병두(1994), 윤응
성(1998), Lauver과 Jones(1991), Hannah와 Kahn(1989)의 연구와
일치된 결과를 가지고 있다.

부모애착, 또래애착은 자기효능감에 영향을 미친다는 장휘숙
(1997), Anisworth 등(1978), O'Brien(1992), Ryan 등(1996), 박영
신 외(2000)의 연구와 일치된 결과를 가지고 있다. 그러나 낮은
예측 모형을 나타낸 것은 선행연구들이 진로 자기효능감을 연구한
반면에 본 연구에서는 일반적 자기효능감을 측정하였기 때문에 낮
은 예측력을 나타낸 것으로 사료된다. 부모의 사회경제적 배경, 부
모애착, 또래애착 등이 자기효능감에 미치는 영향이 강하지 않음
을 고려하여, 그 밖의 요인들에 관찰이 필요하기도 하다. 그러나
최근의 연구들이 부모와의 애착 안정성, 또래애착 안정성, 부모의
사회경제적 배경이 자기효능감에 영향을 미친다는 개념을 지지하
고 있다. 이러한 연구의 결과는 자기효능감이 개인의 인지과정과

환경에 의한 외부의 사회적 자극을 통해 통제된다는 상호결정론에 의해 행동이 결정된다는 견해이다. 그러므로 개인의 행동은 환경과 동기유발적인 자아조절 메커니즘의 상호작용, 개인의 능력과 과거의 성취들 간에 복잡한 상호작용의 체계 내에서 결정된다는 것을 유념할 필요가 있다.

3. 부모의 사회경제적 배경, 부애착, 모애착, 또래애착, 자아정체감 및 자기효능감이 진로결정 수준에 미치는 영향

1) 부모의 사회경제적 배경, 부애착, 모애착, 또래애착 및 자아정체감이 진로결정 수준에 미치는 영향

부모의 사회경제적 배경, 부애착, 자아정체감은 진로결정 수준에 대한 적합한 예측 모형으로 판명되었다. 각 독립변인의 표준화된 베타값(Beta)을 비교해 보면, 자아정체감 .638, 부모의 사회경제적 배경 .067, 부애착 -.066, 또래애착 -.025, 모애착 .007 순으로 종속변인을 설명하는 데 기여하는 것으로 나타났다.

자아정체감, 부모의 사회경제적 배경, 부애착은 진로결정 수준에 적합한 예측 변인으로 파악되었으나, 모애착 및 또래애착은 관련성이 없는 예측 변인으로 파악되었다.

자아정체감이 높으면 진로결정 수준이 높다는 선행연구(김은진,

2000; 박수길, 2000; 신순란, 1999; Gordon, 1981; Munley, 1977; Salomone, 1982; Taylor, 1982) 등의 연구결과와 일치된 견해를 나타내고 있었다. 이러한 연구의 결과는 자아정체감이 높을수록 진로결정 수준에 있어 확신적이며, 자신에게 적합한 진로를 결정할 수 있다는 연구결과와 일치하고 있다.

부모의 사회경제적 배경과 진로결정 수준은 의미 있는 상관관계가 있다는 선행연구(권정숙, 1992; 서우석, 1994; Blau와 Duncan, 1967; Hillman, 1983; Jackson, 1996; Ventura, 1992) 등의 결과와도 일치하고 있다.

부모애착, 또래애착과 진로결정 수준은 의미 있는 상관관계가 있다는 선행연구(이은경, 2000; Bowlby, 1982; O'Brien, 1996; Osipow, 1983) 등의 결과와는 부애착에 대해서는 일치하고 있으나, 모애착 및 또래애착에 대해서는 일치하지 않았다. 이러한 결과는 자아정체감이 진로결정 수준에 미치는 영향이 너무 강해서 모애착, 또래애착이 미미하게 작용한 것이 아닌가 사료된다.

본 연구에서 나타난 결과와 같이 자아정체감은 진로결정 수준에 절대적인 영향을 미친다. 따라서 아동기부터 자아정체감을 높이는 프로그램의 적용과 교육이 필요하다. 유년 시절부터 사신에 대한 기본적 신뢰를 발달시키면서 자신의 행동에 자기통제와 책임감을 지니고, 자율적 의지를 발달시킬 수 있는 체험적 교육현장이 제공되어져야 한다.

2) 부모의 사회경제적 배경, 부애착, 모애착, 또래애착 및
자기효능감이 진로결정 수준에 미치는 영향

부모의 사회경제적 배경, 모애착 및 자기효능감은 진로결정 수준에 대한 적합한 예측 모형으로 판명되었다. 각 독립변인의 표준화된 베타값(Beta)을 비교해 보면 자기효능감 .301, 모애착 .116, 부모의 사회경제적 배경 .103, 또래애착 .012, 부애착 .012의 순으로 종속변인을 설명하는 데 기여하는 것으로 나타났다.

자기효능감, 모애착 및 부모의 사회경제적 배경은 진로결정 수준에 적합한 예측 변인으로 파악되었으나, 또래애착, 부애착은 관련성이 없는 예측 변인으로 파악되었다.

이러한 연구의 결과는 자기효능감이 진로결정 수준에 의미 있는 관계를 가지고 있다는 Bores와 동료들(1990)의 선행연구결과와 일치하고 있다. 자기효능감은 진로선택 및 진로결정 수준의 매개변인으로 작용한다는 선행연구(박수길, 2000; 이은경, 2000; Tayler와 동료들, 1983)의 연구결과와도 일치하고 있다. 이러한 연구의 결과는 높은 자기효능감을 가지고 있는 청소년은 스스로 진로를 선택하는 능력을 갖고 있고, 사전 직업교육 프로그램을 잘 이수할 수 있다는 연구결과와 일치하고 있다.

모애착과 진로결정 수준은 의미 있는 상관관계가 있다는 박수길(2000)의 연구와도 일치하고 있었다. 그러나 모애착과 진로미결정 수준 간에는 부적인 관계를 가지고 있다는 이영선(1999)의 연구와는 일치하지 않았다.

연구결과에서와 같이 모애착에 대해서 상반된 연구의 원인은 박수길(2000)과 본 연구에서는 자기효능감을 매개변인으로 하였으나 이영선(1999)은 불안을 매개변인으로 하였기 때문이다. 측정도구의 차이로 해석할 수 있다.

부모의 사회경제적 배경과 진로결정 수준은 의미 있는 상관관계가 있다는 남미숙(1998)의 연구와 일치하고 있었다. 이러한 연구의 결과는 부모의 사회경제적 배경이 진로결정 수준을 향상시키는 변인으로 작용하고 있다.

본 연구에서 나타난 결과와 같이 자기효능감을 매개로 할 때, 진로결정 수준에 영향을 미치고 있었다. 따라서 고등학생들에게는 자기효능감을 증대시키는 다양한 교육프로그램이 투여되어야 한다. 자신을 인식하고, 진로정보를 탐색하며, 나아가 어떤 상황을 극복할 수 있는 신념이나 기대감을 형성시켜줄 수 있는 다양한 교육이 선행되어야 한다.

4. 부모의 사회경제적 배경, 부와의 애착, 모와의 애착, 또래와의 애착, 자아정체감, 자기효능감 및 진로결정 수준 간의 관계

1) 부모의 사회경제적 배경, 부애착, 모애착, 또래애착, 자아정체감 및 진로결정 수준 간의 관계

자아정체감을 매개로 한 부모의 사회경제적 배경, 부애착, 모애착 및 또래애착과 진로결정 수준 간의 경로를 탐색한 결과, 부모

의 사회경제적 배경, 부애착이 진로결정 수준에 직접적인 효과가 있는 것으로 나타났다. 또한 부모의 사회경제적 배경, 부애착, 모애착, 또래애착은 자아정체감을 매개로 할 때 진로결정 수준에 영향을 미치는 경로가 유의하였다.

자아정체감을 통해서 진로결정 수준에 영향을 미치는 경로모형 결과는 부모의 사회경제적 배경이 진로결정 수준에 미치는 직접효과와 자아정체감을 통해 미치는 간접효과를 합한 인과적 효과로 나타났다. 이는 선행연구(권정숙, 1992; Blau와 Duncan, 1967; Hillman, 1983; Jackson, 1996; Rosenthal와 Hansen, 1980; Ventura, 1992)와 일치된 결과이다.

부애착이 진로결정 수준에 미치는 직접효과는 매우 작다. 그러나 부애착이 자아정체감을 통해서 간접적으로 영향을 미치고 있었다. 그리고 부애착이 종속변수인 진로결정 수준에 미치는 효과계수는 .04로 나타났다. 이는 선행연구(이영선, 1999)와 일치된 결과이다.

모애착이 진로결정 수준에 미치는 직접효과는 통계적으로 유의하지 않았고, 자아정체감을 통한 간접효과만 인과적 효과로 설명될 수 있다. 이는 선행연구(박수길, 2000)의 연구결과와 상반된 결과이다. 이러한 결과는 선행연구가 Marcia의 정체감 지위를 근거로 정체감 성취, 유예, 정체감 조기폐쇄, 정체감 혼란 수준 등의 4가지 요인으로 구성된 자아정체감 척도를 사용하였기 때문으로 사료된다.

또래애착이 진로결정 수준에 미치는 직접효과는 통계적으로 유의하지 않았고, 자아정체감을 통한 간접효과만 인과적 효과로 설명될 수 있다. 이는 선행연구(이은경, 2000)와 일치된 결과이다.

자아정체감이 종속변인인 진로결정 수준에 미치는 직접효과는 .61이다. 두 변인 사이의 나머지 공변량은 두 변인이 외생변인을 공유하는 데 기인하는 의사상관계수이다. 이는 자아정체감을 매개로 할 때 진로결정 수준을 가장 잘 설명할 수 있으며, 진로결정 수준의 매개변인으로 작용한다는 선행연구(신순란, 1999; Skovholt와 Morgan, 1981; Munley, 1977; Stewart와 Nejedlo, 1980)와 일치된 결과이다.

이상과 같은 연구의 결과로 지금까지는 진로결정 수준과 관련하여 개인변인에 대한 탐색 위주의 연구가 많이 진행되었으나 앞으로는 부모의 사회경제적 배경, 부모와의 애착 등 가족변인 및 사회체제적 변인에 대한 연구가 중요하게 다루어져야 함을 시사하고 있다. 또한 부모의 애착은 주로 아동기에 중요한 영향을 미치는 요인으로 생각되었으나, 본 연구를 통해서 성인기까지 그 영향이 지속된다는 Lopez(1993)의 연구와도 일치된 결과를 도출하였다. 이러한 결과는 진로결정 수준을 연구함에 있어서 심리적 변인인 부모애착, 또래애착도 연구가 지속되어야 함을 나타내고 있다.

특히 자아정체감을 매개로 할 때 진로결정 수준에는 개인변인과 심리적 변인이 모두 영향을 미치고 있었다. 이는 고등학생들의 진로결정 수준을 향상시키기 위해서는 개인의 가정적, 경제적, 사회·문화적 특징을 고려하여 진로지도 및 진로상담이 이루어져야

하며, 자아정체감 형성 교육이 선행적으로 이루어져야함을 시사하
고 있다.

2) 부모의 사회경제적 배경, 부애착, 모애착, 또래애착, 자기 효능감 및 진로결정 수준 간의 관계

자기효능감을 매개로 할 때 고등학생의 진로결정 수준에는 부모
의 사회경제적 배경, 모애착이 직접적인 효과가 있는 것으로 나타났
다. 또한 부모의 사회경제적 배경, 부애착, 모애착, 또래애착은 자기
효능감을 통해 진로결정 수준에 영향을 미치는 것으로 나타났다.

부모의 사회경제적 배경이 진로결정 수준에 미치는 직접효과
.22와 자기효능감을 통해 미치는 간접효과 .05를 합한 인과적 효과
.27로 설명될 수 있다. 이와 같은 연구의 결과는 부모의 사회경제
적 배경이 진로결정 수준에 영향을 준다는 선행연구(윤병두, 1994;
Hnnah와 Kahn, 1989)와 일치된 결과이다.

부애착이 진로결정 수준에 직접적으로 미치는 직접효과는 통계
적으로 유의하지 않았고, 자기효능감을 통한 간접효과만이 인과적
효과로 설명될 수 있다. 이와 같은 연구의 결과는 부애착이 진로
결정 수준에 영향을 준다는 선행연구(박수길, 2000)와 일치된 결
과이다.

모애착이 진로결정 수준에 미치는 직접효과 .16과 자기효능감을
통해 미치는 간접효과 .03을 합한 인과적 효과 .19로 설명될 수 있다.

또래애착이 진로결정 수준에 직접적으로 미치는 직접효과는 통

계적으로 유의하지 않았고, 자기효능감을 통한 간접효과만 인과적 효과로 의미가 있는 것으로 나타났다.

이 모형에서 자기효능감이 종속변인인 진로결정 수준에 미치는 직접효과는 .30이다. 두 변인 사이의 나머지 공변량은 두 변인이 외생변인들을 공유하는 데 기인하는 의사상관계수이다. 이와 같은 결과는 자기효능감이 진로결정 수준에 영향을 미치는 매개변인으로 작용한다는 선행연구(박수길, 2000; Hackett,와 Betz, 1981; Tang, Fouad, & Smith, 1999; Taylor와 Betz, 1983)와 일치된 결과를 나타내고 있다.

본 연구의 결과는 자기효능감을 매개로 할 때는 모애착, 부모의 사회경제적 배경이 직접적인 영향을 미치는 변인으로 작용하고 있었다. 이는 자기효능감을 향상시키는 요인으로는 모애착, 부모의 사회·경제적 배경이 중요한 요인으로 작용하고 있다는 것을 알 수 있다. 이는 어머니-자녀 간의 관계는 청소년기나 성인기 동안에도 사라지지 않고 영향을 미치고 있음을 시사한다.

본 연구를 통해 진로상담에서는 내담자들에게 동일한 처치를 하기보다는 내담자의 특성, 문제의 성격, 그리고 상황적 맥락을 고려하여 내담자를 진단하고 그에 적합한 상담전략을 시도해야 한다는 '차별적 진단과 차별적 처치'의 필요성을 다시 한번 확인할 수 있었다. 특히 부모의 사회경제적 배경이 낮은 학생들이나 어머니가 없는 결손 학생들에게는 더 각별한 애정과 관심, 배려를 가지고 지도할 필요가 있다.

Ⅴ. 요약 및 결론

A. 요 약

본 연구는 진로결정 수준에 직·간접적으로 영향을 미치는 개인 변인과 심리적 변인 간의 인과관계를 다각적으로 분석하여 경로모형을 예측하고자 한다. 고등학생의 예측된 경로모형을 통해서 청소년의 진로상담, 심리측정도구의 개발, 나아가 사회심리학적 진로발달이론에 대한 기초자료를 제공하는 데 그 목적이 있다. 이러한 목적을 달성하기 위한 구체적인 연구문제는 다음과 같다.

이러한 연구의 목적을 달성하기 위하여 설정한 연구의 문제는 다음과 같다.

연구문제 1. 고등학생의 개인변인(성, 학교유형, 부모의 사회경제적 배경)에 따라 심리적 변인(부애착, 모애착, 또래애착, 자아정체감, 자기효능감, 진로결정 수준)은 차이가 있는가?

1) 성에 따라 심리적 변인은 차이가 있는가?

2) 학교유형에 따라 심리적 변인은 차이가 있는가?

3) 아버지의 학력에 따라 심리적 변인은 차이가 있는가?

4) 어머니의 학력에 따라 심리적 변인은 차이가 있는가?

5) 아버지의 직업적 위신에 따라 심리적 변인은 차이가 있는가?

6) 가정의 월수입에 따라 심리적 변인은 차이가 있는가?

연구문제 2. 부모의 사회경제적 배경(SES), 부애착, 모애착, 또래애착이 자아정체감 및 자기효능감에 어떤 영향을 미치는가?

1) 부모의 사회경제적 배경, 부애착, 모애착, 또래애착이 자아정체감에 어떤 영향을 미치는가?
2) 부모의 사회경제적 배경, 부애착, 모애착, 또래애착이 자기효능감에 어떤 영향을 미치는가?

연구문제 3. 부모의 사회경제적 배경, 부애착, 모애착, 또래애착, 자아정체감 및 자기효능감이 진로결정 수준에 어떤 영향을 미치는가?
1) 부모의 사회경제적 배경, 부애착, 모애착, 또래애착 및 자아정체감이 진로결정 수준에 어떤 영향을 미치는가?
2) 부모의 사회경제적 배경, 부애착, 모애착, 또래애착 및 자기효능감이 진로결정 수준에 어떤 영향을 미치는가?

연구문제 4. 부모의 사회경제적 배경, 부애착, 모애착, 또래애착, 자아정체감, 자기효능감 및 진로결정 수준 간에는 어떤 관계가 있는가?
1) 부모의 사회경제적 배경, 부애착, 모애착, 또래애착, 자아정체감 및 진로결정 수준 간에는 어떤 관계가 있는가?
2) 부모의 사회경제적 배경, 부애착, 모애착, 또래애착, 자기효능

감 및 진로결정 수준 간에는 어떤 관계가 있는가?

이 연구는 충청남도 고등학교 학생을 모집단으로 하였다. 충청남도 소재 20개 고등학교 40개 학급을 확률표집하여 1,600명으로부터 자료를 수집하였고, 자료를 정리한 다음 1,352명의 자료를 분석하였다.

이 연구에서 사용한 측정도구는 사회경제적 배경(SES)을 측정하기 위하여 부모의 직업과 학력 수준은 황정규(1977)의 '가정환경진단 검사'를 참조하였고, 부모의 수입은 학생의 부모 수입에 대한 예비조사 및 2000년도 도시 평균 근로자 수입에 기준하여 연구자가 작성한 질문지를 사용하였다. 부모와의 애착 및 또래애착을 측정하기 위하여 Armsden와 Greenberg(1987)가 제작한 IPPA-R을 옥정(1998)이 번안한 질문지, 자아정체감을 측정하기 위하여 박아청(1996)의 질문지, 자기효능감을 측정하기 위하여 차정은(1996)의 것을 김아영(1997)이 수정한 질문지, 진로결정 수준을 측정하기 위하여 Osipow 등(1980)이 개발한 진로결정 수준 질문지를 고향자(1992)가 번안한 것을 수정 및 보완하여 사용하였다.

이 연구에서 자료처리는 SPSSWin 10.0 프로그램을 사용하였으며, 연구문제별로 사용한 분석 방법은 연구문제 1은 t-검증, 일원변량분석, 연구문제 2, 3은 중다회귀분석, 연구문제 4는 경로분석(Path Analysis)을 사용하였다. 이러한 과정을 거쳐 나타난 연구결과는 다음과 같다.

1. 고등학생들의 개인배경에 따라서 부모와의 애착, 또 래와의 애착, 자아정체감, 자기효능감 및 진로결정 수준의 인식 차이

1) 성별에 따라서 t-검증한 결과, 모애착, 또래애착, 자아정체감, 진로결정 수준에서 남녀 간에 통계적으로 유의한 차가 있는 것으로 나타내고 있다.

2) 학교유형에 따라서 t-검증한 결과, 부애착, 모애착, 자아정체감, 진로결정 수준에서 학교유형 간에 통계적으로 유의한 차가 있는 것으로 나타내고 있다.

3) 아버지의 학력에 따라 변량 분석한 결과 부애착, 자아정체감, 자기효능감, 진로결정 수준은 통계적으로 유의한 차를 나타내고 있다.

4) 어머니의 학력에 따라 변량 분석한 결과 부애착, 또래애착, 자아정체감, 자기효능감, 진로결정 수준은 통계적으로 유의한 차를 나타내고 있다.

5) 아버지의 직업적 위신에 따라 변량 분석한 결과 부애착, 모애착, 또래애착, 자아정체감, 자기효능감, 진로결정 수준은 통계적으로 유의한 차를 나타내고 있다.

6) 가정의 월수입에 따라 변량 분석한 결과 부애착, 모애착, 또래애착, 자아정체감, 자기효능감, 진로결정 수준은 통계적으로 유의한 차를 나타내고 있다.

2. 부모의 사회경제적 배경(SES), 부애착, 모애착, 또래애착이 자아정체감 및 자기효능감에 어떤 영향을 미치는가?

1) 부모의 사회경제적 배경, 부애착, 모애착, 또래애착이 자아정체감에 미치는 영향

회귀식: 자아정체감(Y') $=16.473+.210($부모의 사회경제적 배경$)$ $+.155($부애착$)+.303($모애착$)+.159($또래애착$)$

회귀식에 기초한 회귀모형의 예측력: $15.0\%(R^2=.150)$, F값 $(59.369, p<.001)$

독립변인의 표준화된 베타값(Beta): 모애착$(.202, p<.001)$, 부애착$(.163, p<.001)$, 또래애착$(.120, p<.001)$, 부모의 사회경제적 배경 $(.094, p<.001)$.

2) 부모의 사회경제적 배경(SES), 부애착, 모애착, 또래애착이 자기효능감에 미치는 영향

회귀식: 자기효능감(Y') $=27.601+.181($부모의 사회경제적 배경$)$ $+7.299E-02($부애착$)+.106($모애착$)+.103($또래애착$)$

회귀식에 기초한 회귀모형에 대한 예측력: $4.7\%(R^2=.047\%)$, F값$(16.610, p<.001)$.

독립변인의 표준화된 베타값(Beta): 부모의 사회경제적 배경

(.090, p<.001), 또래애착(.086, p<.01), 부애착(.085, p<.01), 모애착
(.078, p<.01).

3. 부모의 사회경제적 배경, 부애착, 모애착, 또래애착, 자아정체감 및 자기효능감이 진로결정 수준에 어떤 영향을 미치는가?

1) 부모의 사회경제적 배경, 부애착, 모애착, 또래애착 및 자아정체감이 진로결정 수준에 미치는 영향

회귀식: 21.213+.143(부모의 사회경제적 배경)+5.99E-02(부애착)+9.417E-03(모애착)+3.21E-02(또래애착)+.612(자아정체감)

회귀식에 기초한 회귀모형의 예측력: 40.0%(R^2=.40), F값 (179.875, p<.001)

독립변인의 표준화된 베타값(Beta): 자아정체감(.638, p<.001), 부모의 사회경제적 배경(.067, p<.01), 부애착(-.066, p<.01).

2) 부모의 사회경제적 배경, 부애착, 모애착, 또래애착 및 자기효능감이 진로결정 수준에 미치는 영향

회귀식: 진로결정 수준(Y')=22.135+.219(부모의 사회경제적 배경)+1.130E-02(부애착)+.166(모애착)+3.670E-02(또래애착)+.285(자기효능감)

회귀식에 기초한 회귀모형의 예측력: 14.2%($R^2=.142$), F값 (44.455, $=p<.001$)

독립변인의 표준화된 베타값(Beta): 자기효능감(.301, $p<.001$), 모애착(.116, $p<.001$), 부모의 사회경제적 배경(.103, $p<.001$).

4. 부모의 사회경제적 배경, 부애착, 모애착, 또래애착, 자아정체감, 자기효능감 및 진로결정 수준 간에는 어떤 관계가 있는가?

1) 자아정체감을 매개로 한 심리적 변인이 진로결정 수준에 미치는 경로모형 분석

부애착과 부모의 사회경제적 배경의 공변량 .21, 모애착과 부모의 사회경제적 배경의 공변량 .12, 또래애착과 부모의 사회경제적 배경의 공변량 .12, 모애착과 부애착의 공변량 .36, 또래애착과 부애착의 공변량 .21, 또래애착과 모애착의 공변량 .29는 이 변인들이 외생변인으로 경로모형에 포함되었기 때문에 주어진 것으로 간주되어 분석될 수 없다.

자아정체감과 부모의 사회경제적 배경의 공변량 .17은 부모의 사회경제적 배경이 자아정체감에 미치는 직접효과 .21과 나머지의 두 구성요소로 분해된다. 이 나머지 부분은 부모의 사회경제적 배경과 다른 외생변인과의 비인과적인 공변량으로 인하여 더 이상 분석될 수 없다.

자아정체감과 부애착의 공변량 .28은 부애착이 자아정체감에 미치는 직접효과 .16과 나머지의 두 구성요소로 분해된다. 이 나머지 부분은 부애착과 다른 외생변인과의 비인과적인 공변량으로 인하여 더 이상 분석될 수 없다.

자아정체감과 모애착의 공변량 .31은 모애착이 자아정체감에 미치는 직접효과 .30과 나머지의 두 구성요소로 분해된다. 이 나머지 부분은 모애착과 다른 외생변인과의 비인과적인 공변량으로 인하여 더 이상 분석될 수 없다.

자아정체감과 또래애착의 공변량 .22는 또래애착이 자아정체감에 미치는 직접효과 .16과 나머지의 두 구성요소로 분해된다. 이 나머지 부분은 또래애착과 다른 외생변인과의 비인과적인 공변량으로 인하여 더 이상 분석될 수 없다.

진로결정 수준과 부모의 사회경제적 배경과의 공변량은 부모의 사회경제적 배경이 진로결정 수준에 미치는 직접효과 .14와 자아정체감을 통해 미치는 간접효과 .13을 합한 인과적 효과 .27로 설명될 수 있다. 따라서 부모의 사회경제적 배경은 직접적으로 진로결정 수준에 영향을 미치고, 자아정체감을 통해서 간접적으로도 영향을 미치는 것으로 나타났다.

진로결정 수준과 부애착에 대한 분석결과, 부애착이 진로결정 수준에 직접적으로 미치는 효과는 -.06으로 매우 작다. 그러나 부애착이 자아정체감을 통해서 진로결정 수준에 간접적으로 미치는 효과는 .10으로 산출되었다. 따라서 부애착이 종속변수인 진로결정 수준에 미치는 효과계수는 직접효과와 간접효과를 합하여 .04가 되며, 부애착과 진로결정 수준의 공변량의 나머지 부분은 비인과 적 효과로 더 이상 분석되지 않은 채로 남게 된다.

진로결정 수준과 모애착의 관계는 모애착이 진로결정 수준에 미치는 직접효과는 통계적으로 유의하지 않았고 자아정체감을 통한 간접효과만이 인과적 효과로 설명될 수 있다. 따라서 모애착이 진로결정 수준에 직접적인 영향을 미치지 못하고 있으나 매개변인인 자아정체감을 통해서 간접적으로 영향을 미치는 것으로 나타났다.

진로결정 수준과 또래애착관계는 또래애착이 진로결정 수준에 미치는 직접효과는 통계적으로 유의하지 않았고, 자아정체감을 통해 미치는 간접효과만이 인과적 효과로 설명될 수 있다. 따라서 또래애착이 진로결정 수준에 직접적인 영향은 미치지 못하고 있으나 매개변인인 자아정체감을 통해서 간접적으로 영향을 미치는 것으로 나타났다.

한편, 이 모형에서 자아정체감과 종속변인인 진로결정 수준에 미치는 직접효과는 .61이다. 두 변인 사이의 나머지 공변량은 두 변인이 외생변인들을 공유하는 데 기인하는 의사상관계수(spurious correlation)이다.

2) 자기효능감을 매개로 한 심리적 변인이 진로결정 수준에 미치는 경로모형 분석

부애착과 부모의 사회경제적 배경의 공변량 .21, 모애착과 부모의 사회경제적 배경의 공변량 .12, 또래애착과 부모의 사회경제적 배경의 공변량 .12, 모애착과 부애착의 공변량 .36, 또래애착과 부애착의 공변량 .21, 또래애착과 모애착의 공변량 .29는 이 네 변인이 외생변인으로 경로모형에 포함되었기 때문에 주어진 것으로 간주되어 분석될 수 없다.

자기효능감과 부모의 사회경제적 배경의 공변량 .13은 부모의 사회경제적 배경이 자기효능감에 미치는 직접효과 .18과 나머지의 두 구성요소로 분해된다. 이 나머지 부분은 부모의 사회경제적 배경과 다른 외생변인과의 비인과적인 공변량으로 인하여 더 이상 분석될 수 없다.

자기효능감과 부애착의 공변량 .15는 부애착이 자기효능감에 미치는 직접효과 .07과 나머지의 두 구성요소로 분해된다. 이 나머지 부분은 부애착과 다른 외생변인과의 비인과적인 공변량으로 인하여 더 이상 분석될 수 없다.

자기효능감과 모애착의 공변량 .14는 자기효능감이 모애착에 미치는 직접효과 .11과 나머지의 두 구성요소로 분해된다. 이 나머지 부분은 모애착과 다른 외생변인과의 비인과적인 공변량으로 인하여 더 이상 분석될 수 없다.

자기효능감과 또래애착의 공변량 .14는 자기효능감이 또래애착에 미치는 직접효과 .10과 나머지의 두 구성요소로 분해된다. 이 나머지 부분은 부애착과 다른 외생변인과의 비인과적인 공변량으로 인하여 더 이상 분석될 수 없다.

이러한 통계적 결과를 정리하면 자기효능감과 부모의 사회경제적 배경, 모애착, 또래애착, 부애착 간에는 인과적 효과가 우세함을 알 수 있다.

진로결정 수준과 부모의 사회경제적 배경과의 관계는 부모의 사회경제적 배경이 진로결정 수준에 미치는 직접효과 .22와 자기효능감을 통해 미치는 간접효과 .05를 합한 인과적 효과 .27로 설명될 수 있다. 따라서 부모의 사회경제적 배경은 진로결정 수준에 영향을 미치고, 자기효능감을 통해서 간접적으로도 영향을 미치는 것으로 나타났다.

진로결정 수준과 부애착의 관계는 부애착이 진로결정 수준에 직접적으로 미치는 직접효과는 통계적으로 유의하지 않았고 자기효능감을 통한 간접효과만이 인과적 효과로 설명될 수 있다. 따라서 부애착이 진로결정 수준에 직접적으로 영향을 미치지 못하고 있으나 매개변인인 자기효능감을 통해서 간접적으로도 영향을 낮게 미치고 있었다.

진로결정 수준과 모애착의 관계는 모애착이 진로결정 수준에 미치는 직접효과 .16과 자기효능감을 통해 미치는 간접효과 .03을 합한 인과적 효과 .19로 설명될 수 있다. 따라서 모애착이 진로결정 수준은 모애착에 직접적으로도 영향을 미치고, 매개변인인 자기효능감을 통해서 간접적으로 영향을 미치는 것으로 나타났다.

진로결정 수준과 또래애착의 관계는 또래애착이 진로결정 수준에 직접적으로 미치는 직접효과는 통계적으로 유의하지 않았고 자기효능감을 통한 간접효과만이 인과적 효과로 설명될 수 있다. 따라서 또래애착이 진로결정 수준에 직접적인 영향은 미치지 못하고 있으나 매개변인인 자기효능감을 통해서 간접적으로 영향을 미치는 것으로 나타났다.

한편, 이 모형에서 자기효능감이 종속변인인 진로결정 수준에 미치는 직접효과는 .30이다. 두 변인 사이의 나머지 공변량은 두 변인이 외생변인들을 공유하는 데 기인하는 의사상관계수이다.

B. 결 론

본 연구에서 도출된 결과를 토대로 하여 다음과 같은 결론을 내릴 수 있다.

첫째, 성별, 학교유형, 부모의 학력, 부모의 직업적 위신, 가정의 월수입의 차이와 같은 개인변인에 따라 부애착, 모애착, 또래애착, 자아정체감, 자기효능감, 진로결정 수준과 같은 심리적 변인에 차이가 있었다. 여학생이 남학생에 비해서 진로결정 수준이 높으며, 인문계 학생들이 실업계 학생들에 비해서 진로결정 수준이 높은 것으로 나타났다. 또한 부모의 사회경제적 배경이 높은 가정의 학생들이 그렇지 못한 학생들보다 진로결정 수준이 높은 것으로 나타났다. 따라서 진로상담 현장에서는 위의 여러 개인변인과 심리적 변인을 고려하여 지도해야 하며, 부모의 사회경제적 배경이 낮은 가정의 학생들에게는 특별히 더 많은 관심과 애정을 기울여야 하며, 체계적이고 다양한 방법으로 진로결정 수준을 할 수 있도록 도와주어야 한다.

둘째, 부모의 사회경제적 배경, 부애착, 모애착, 또래애착은 자아정체감을 향상시킬 수 있는 중요한 변인으로 작용하고 있는 것으로 나타났다. 따라서 청소년시기에는 부모-자녀 간의, 또래 간의 의사소통이 중요하며, 이를 위해서는 상호신뢰감 형성이 전제되어야 한다. 또한 부모의 사회경제적 배경이 낮은 학생들에게 더 애정을 가지고 진로지도를 할 수 있어야 한다.

그리고 부모의 사회경제적 배경, 부애착, 모애착, 또래애착은 자기효능감에 영향을 미치는 변인으로 판명되었으나 그 예측력은 낮은 것으로 나타났다. 자기효능감에 영향을 미치는 부모의 사회경제적 배경, 부애착, 모애착 및 또래애착의 낮은 예측력을 감안하면 이러한 네 요인 이외의 다른 요인들에 대한 관찰이 필요하다고 사료된다.

셋째, 고등학생의 진로결정 수준에는 자아정체감, 부모의 사회경제적 배경, 부애착이 중요한 변인으로 기여하고 있었다. 그러나 모애착, 또래애착은 진로결정 수준에 직접적으로 영향을 미치지 못한 요인으로 판명되었다.

그리고 고등학생의 진로결정 수준에는 자기효능감, 부모의 사회경제적 배경, 모애착이 중요한 변인으로 기여하고 있었다. 그러나 부애착, 또래애착은 진로결정 수준에 영향을 미치지 못하는 요인으로 판명되었다. 따라서 고등학생의 진로결정 수준을 향상시키기 위해서는 자아정체감과 자기효능감을 높일 수 있는 다양한 교육프로그램이 선행되어야 하고, 이러한 변인들을 고려한 진로지도 및 진로상담이 이루어져야 한다.

넷째, 부모의 사회경제적 배경, 부애착, 모애착, 또래애착, 자아정체감, 자기효능감 변인들이 진로결정 수준에 영향을 미치는 경로를 모형으로 구조화하였다. 개인변인(부모의 사회경제적 배경)과 심리적 변인(모애착, 부애착, 또래애착, 자아정체감, 자기효능감)이 진로결정 수준에 직·간접적으로 영향을 미치고 있었다. 또한 부모의 사회경제적 배경, 모애착, 또래애착, 부애착이 진로결정 수준에 직접적으로 영향을 미치는 것보다는, 자아정체감과 자기효능감을 매개변인으로 할 때 진로결정 수준에 더욱 강하게 영향을 미치는 것으로 나타났다. 그리고 자아정체감 및 자기효능감은 동등한 역할 매개변인으로 작용하였다.

다섯째, 이상의 결과에서 알 수 있는 바와 같이 한 개인이 진로를 결정하는 데에는 그의 생애의 모든 개인변인과 심리적 변인이 복합적으로 영향을 미치고 있다. 따라서 유아기 때부터 부모와 신뢰감을 가지고 대화할 수 있는 교육 여건이 조성되어야 한다. 그리고 자기의 적성과 흥미를 알고, 정체성과 자신감을 지닐 수 있도록 지도해야 한다. 또한, 고등학교 시절에는 자아실현을 위한 직업의 중요성과, 직업의 종류와 특성, 그 직업에서 거둘 수 있는 성과를 깊이 있게 이해하도록 지도해야 한다. 나아가 직업을 통한 사회에 대한 공헌의 중요성을 인식하고, 자신의 가치를 평가할 수 있는 안목을 키워주어야 한다.

효과적이고 성공적인 진로상담을 위해서 상담자는 내담자의 상태를 정확하게 진단하고, 내담자에게 도움이 되는 적절한 처치를 해야 한다. 이를 위해 효율적인 진단프로그램과 자아 계발프로그램, 심성프로그램, 집단상담프로그램 등이 개발되고, 이러한 프로그램이 현장에서 활성화될 수 있어야 한다.

C. 제 언

위의 결론을 토대로 다음과 같이 제언하고자 한다.

첫째, 본 연구에서는 고등학생을 대상으로 한 진로결정 수준을 측정하였다. 앞으로의 연구에서는 발달단계에 따라서 청소년기 전체 학생들에게 알맞은 다양한 영역의 체계적이고 단계적으로 진로결정 수준을 측정하여야 할 필요가 있다.

둘째, 우리나라 문화에 맞는 진로결정 수준 척도가 개발되어야 하며, 성, 학교유형 등 다양한 변인에 따라 자아정체감, 자기효능감 등의 연구가 지속적으로 이루어져야 한다.

셋째, 본 연구에서는 진로결정 수준에 영향을 미치는 요인으로 성별, 학교유형, 부애착, 모애착, 또래애착, 부모의 사회경제적 배경, 자아정체감, 자기효능감의 요인들만 적용하였으나 사회적 여건을 고려한 연구들이 다양하게 이루어져야 한다.

넷째, 본 연구에서 나타난 결과와 같이 직업교육을 하는 실업계 고등학교에서도 더욱 '나는 누구인가'와 같은 정체감 형성 교육과 삶의 '자신감'을 향상시킬 수 있는 심성계발 프로그램 및 진로상담 프로그램을 제작, 운영하여야 한다.

다섯째, 본 연구에서는 매개변인으로 자아정체감과 자기효능감을 사용하였다. 연구결과에 의하면 자아정체감이 진로결정 수준을 향상시킬 수 있는 강한 변인으로 작용하고 있으므로 이점에 유의하여 후속연구에서는 동일 변인을 매개변인으로 사용하는 것을 지양해야 한다.

여섯째, 연구의 표집을 충청남도 고등학생들을 대상으로 유층표집하였으나, 전국을 대상으로 연구할 방안을 모색해 볼 수 있다.

참고 문헌

1. 국내문헌

〈A. 단행본〉

김계수(2001). AMOS 구조방정식 모형분석. 서울: SPSS아카데미.

김남순·이옥분·정일환·주동범·한상철(2002). 청소년 교육론. 서울: 형설출판사.

김병숙·김봉환·김완석·이종목(1999). 직업심리학. 서울: 박문각.

김봉환·김병석·정철영(2000). 학교진로상담. 서울: 학지사.

김충기(1990). 생활지도와 상담. 서울: 교육과학사.

_____(2000). 진로교육과 진로상담. 서울: 동문사.

박아청·김혜숙·김창대(1996). 청소년 발달상담. 서울: 청소년대화의 광장.

박영신·김의철(2001). 자기효능감과 삶의 질. 서울: 교육과학사.

박성연·도현심·정승원(1996). 부모-자녀관계: 생태학적 접근. 서울: 학지사.

이춘재(2000). 청년심리학. 서울: 중앙적성출판사.

이현림(2001). 진로상담. 경북: 영남대학교출판부.

임영식 · 한상철(2000). 청소년 심리의 이해. 서울: 학문사.

장휘숙(1999). 청년심리학, 서울: 학지사.

장휘숙(2000). 인간발달 - 전 생애 발달심리학. 서울: 박영사.

정영숙 · 신민섭 · 설인자(2001). 청소년심리학. 서울: 시그마프레스.

정철영(1998). 진로교육. 서울대학교 교육문제연구소(편).

조성일(2002). 교육행정과 교육경영. 서울: 동문사.

충청남도교육청(2000). 충남교육통계연보.

〈B. 학위논문〉

강경찬(1996). 한국 중 · 고교생의 진로성숙 및 진로포부 관련변인
탐색, 홍익대학교 대학원 박사학위논문.

고향자(1992). 한국대학생의 의사결정 유형과 진로결정 수준의 분
석 및 진로결정 상담의 효과, 숙명여자대학교 대학원 박사
학위논문.

권정숙(1992). 실업계 여자 고등학생의 진로결정 수준 과정, 충남
대학교 교육대학원 석사학위논문.

김동준(1997). 진로미결정 문제와 심리적 변인의 관계, 충북대학교
대학원 석사학위논문.

김봉환(1997). 대학생의 진로결정 수준과 진로준비행동의 발달 및
이차원적 유형화, 서울대학교 대학원 박사학위논문.

김연희(1999). 가정환경이 자아정체감에 미치는 영향, 한양대학교

교육대학원 석사학위논문.

김영옥(1996). 가장의 심리적 환경과 자아정체감과의 관계 연구, 인하대학교 교육대학원 석사학위논문.

김은진(2000). 부모에 대한 심리적 독립과 애착이 대학생의 진로 결정 수준 수준에 영향을 미치는 영향 -자아정체감 수준을 매개로-, 연세대학교 대학원 석사학위논문.

김정숙(2001). 실업계 고등학생의 직업가치 및 자기효능감과 진로 성숙도의 관계, 한국교원대학교 대학원 석사학위논문.

김현옥(1989). 청소년의 진로성숙과 관련변인과의 상관관계, 건국 대학교 대학원 박사학위청구논문.

김형태(1989). 청소년기 자아정체감의 발달 및 측정에 관한 연구, 충남대학교 대학원 박사학위논문.

김희영(1986). 청소년기 자아정체감의 발달과 가정의 심리적 환경 변인과의 관계, 연세대학교 대학원, 석사학위논문.

남미숙(1998). 초등학생의 진로 자아 효능감과 관련변인과의 관계 연구, 건국대학교 대학원 박사학위논문.

문승태(1992). 고등학생들의 진로의식 변화에 관한 연구, 건국대학 교 대학원 석사학위논문.

박경란(1998). 고등학교 학생들의 자아정체감에 관한 조사 연구, 연세대학교 교육대학원 석사학위논문.

박미진(1999). 고등학생의 자기효능감과 내외통제성 및 진로결정 수준과의 관계, 홍익대학교 대학원 석사학위논문.

박수길(2000). 한국대학생의 진로결정 수준에 영향을 미치는 가족

변인과 개인변인에 관한 연구, 숙명여자대학교 대학원 박사학위논문.

박완성(1990). 고교생이 지각한 가정환경과 자아정체감에 관한 연구, 고려대학교 교육대학원 석사학위논문.

박연옥(1997). 학생배경특성 및 상황유형에 따른 학생의 교사기대 행동 수용정도 분석, 한국교원대학교 대학원 석사학위논문.

배종훈(2000). 진로미결정 유형별 진로결정 변인과 성격특성의 차이, 경상대학교 대학원 박사학위논문.

서우석(1994). 고등학교 학생들의 진로의사결정과 관련변인, 서울대학교 대학원 박사학위논문.

송설희(1993). 가족유형과 지각된 부모의 수용-거부가 청소년의 자아정체감 형성에 미치는 영향, 충남대학교 대학원 박사학위논문.

신순란(1999). 대학생의 자아정체감과 진로의사결정 유형 및 진로결정 수준 간의 관계, 계명대학교 대학원 석사학위논문.

안은경(1999). 간호사의 자기효능감과 업무성과 구조모형 구축, 충남대학교 대학원 박사학위논문.

옥   정(1997). 청소년기 애착안정성과 우울성향의 관계-지각된 유능감의 매개효과를 중심으로, 이화여자대학교 대학원 석사학위논문.

윤병두(1995). 아동이 지각한 부모의 양육태도가 자기효능감과 학업성취에 미치는 영향. 충남대학교 대학원 석사학위논문.

이기학(1992). 개인적 특성이 직업태도성숙에 미치는 영향, 연세대학교 대학원 석사학위논문.

_____(1997). 고등학생의 진로태도 성숙과 심리적 변인들과의 관계: 자아존중감, 직업가치, 내외통제성을 중심으로. 연세대학교 대학원 박사학위논문.

이승국(1999). 부모의 양육태도에 대한 청소년의 지각과 자아정체감과의 관계. 계명대학교 대학원 석사학위논문.

_____(1999). 청소년의 자아정체감 발달에 영향을 미치는 생태학적 변인들의 구조분석. 계명대학교 대학원 박사학위논문.

이영선(1999). 진로미결정에 대한 심리적 독립, 애착 및 특성 불안의 관계. 전북대학교 대학원 석사학위논문.

이은경(2000). 자기효능감이 진로발달에 미치는 영향. 이화여자대학교 대학원 박사학위논문.

이차선(1998). 청소년의 자아정체감 형성변인 분석. 고려대학교 대학원 박사학위논문.

임용자(1994). 성역할 관련요인이 여대생의 진로결정 수준에 미치는 영향. 홍익대학교 대학원 박사학위논문.

장진오(2000). 자아정체감과 학교생활적응의 관계 -직업전문학교와 인문, 실업고교의 비교 연구-. 한양대학교 교육대학원 석사학위논문.

정인숙(1979). 청소년의 자아정체감과 사회적응과의 관계. 숙명여자대학교 대학원 석사학위논문.

정정숙(1994). 자아정체감과 독립성 및 애착 간의 관계. 고려대학교 대학원 석사학위논문.

정종권(1198). 청소년 후기의 가정과 학교생활 적응이 개체화와 자아정체감에 미치는 영향, 계명대학교 대학원 박사학위논문.

정채기(1992), 자아개념, 자아정체감 및 내·외 통제성이 진로결정에 미치는 영향, 건국대학교 대학원 박사학위논문.

조수연(1982). 고등학생 교육의 분화체제가 학생의 자아정체감 형성에 미치는 영향, 서울대학교 대학원 석사학위논문.

차정은(1996), 일반적 자기효능감 척도개발을 위한 일 연구, 이화여자대학교 대학원 석사학위논문.

⟨C. 기타 자료⟩

김현진·나승일(2001). 농업계 고등학교 학생의 귀인성향과 학교 적응과의 관계. 한국농업교육학회지. 33(1), 57-70.

박아청(1990). Erikson 성격발달이론의 문제점과 이에 대한 보완. 계명행동과학 3(1), 55-75.

_____(1996). 한국형 자아정체감 검사 개발에 관한 연구. 한국심리학회지. 5(1), 140-162.

양은주(1999). 어대생의 진로결정에 영향을 미치는 심리적 변인 연구 -태도와 자기효능감을 중심으로-. 한국심리학회지(상담과 심리치료). 11(1), 79-84.

윤응성(1998). 자기효능감 연구의 분석과 연구방향. 교육심리학회 소식. 3(2), 3-14.

이용환·정철영·김용익·윤인경·이광호(2001). 실업교육의 효율성에 관한 실증적 연구. 한국농업교육학회지. 33(1), 97-124.

이재창(1981). 가정환경 진단 검사. 청소년 문제 종합 진단연구. 한국교육개발원 연구보고.

_____(1991). 대학생의 진로지도. 학생생활연구. 건국대학교 학생생활연구소. 18-41.

정철영(1996). 농업계 고등학교의 새로운 발전방향 모색. 한국농업교육학회지. 28(3), 1-22.

_____(1997). 실업계 고등학교의 실태와 발전방향. 직업교육연구 16, 1.

장휘숙(1997). 아동기 이후의 애착에 관한 연구 최근 연구의 개관. 한국심리학학회 1997년도 연차 학술대회. 439-454.

홍두승(1983). 직업분석을 통한 계층연구 – 한국 표준직업 분류를 중심으로. 서울대 사회과학연구소. 사회과학과 정책연구. 5(3).

황정규(1977). 정의적 행동특성·사회계층·학교성적의 인과관계. 고려대학교 사대논집. 2, 1-44.

2. 외국문헌

Adams, G. R.(1985). Family correlates of female adolescents ego-identity development. *Journal of Adloescence, 8(2),* 69-82.

Ainsworth, M. D. S.(1979). Attachment: Retrospect and prospect. In Parkes, C. M., & Hinde, J. s.(Eds.), *The Placement of Attachment in Human Behavior*, New York: Basic Books.

Ainsworth, M. D. S., Blehar, M. C., Waters, E., & Wall, S.(1978). *Patterns of Attachment: A psychological study of the strange situation.* Hillsdale, NJ: Erlbaum.

Ainsworth, M. D. S.(1982). In C. M. Parkes and K. Stevenson-Hinde(Eds.), *The placement of attachment in human behavior, 3-30,* New York: Basic Books.

Ainsworth, M. D. S.(1989). Attachments beyond infancy. *American Psychologist, 44(3),* 709-716.

Amato, P. R.(1988). Parental Divorce and Attitudes toward Marriage and Family Life. *Journal of Marriage and the Family, 50,* 453-461.

Amato, P. R.(1990). Dimension of the family environment as perceived by children: A Multidimensional Scaling Analysis. *Journal of Marriage and the Family,* 52, 613-620.

Archer, S. L.(1985). Identity and choice of social roles. In A. S. Waterman(Ed.), *Identity in adolescence. Processes and contents. New directions for child development,* San Francisco: Jossey-Bass. 30. 79-100.

Archer, S. L.(1992). A faminist's approach to identity research. In G. Adams, T. Gullota, & R. Motamayor(Eds), *Adolescent identity formation*(pp.215~249), Newbury Park, CA: Sage.

Archer, S. L., & Waterman, A. S.(1983). Identity in early adolescence: A developmental perspective. *Journal of Early Adolescence, 3,* 203-214.

Argyle, M., and & Henderson, M.(1985). *The Anatomy of Relationships Harmondworth,* Middlesex, England: Penguin.

Armsden, G. C., & Greenberg, M. T.(1987). The Inventory of parent and Peer Attachment. Individual differences and their relationships to well-being in adolescence. *Journal of Youth and Adolescence, 16,* 427-453.

Armsden, G. C., & Greenberg, M. T.(1989). *The Inventory of Parental and Peer attachment: Mother, Father, Peer Version.*(Available from M. Greenberg, Psychology Department, Box 351525, University of Washington, Seattle, Washington, 98195).

Bandura, A.(1977). Self-efficacy: Toward a unifying theory of Behavioral change. *Psychological Review, 84(2),* 191-215.

Bandura, A.(1986a). Self-efficacy mechanism in physiological activation and health-promoting behavior. In J. Madden Ⅳ, S. Matthysee, & J. Barchas(Eds), *Adaptation, learning, and affect.,* New York: Raven Press.

Bandura, A.(1986b). *Social foundations of thought and action:*

A social cognitive theory. Englewood Cliffs, NJ: Prentice Hall.

Bandura, A.(1993). Perceived self-efficacy in cognitive development and functioning. *Educational Psychologist, 28(2),* 117-148.

Baruth, L., & Manning, M. L.(1999). *Multicultural counseling and psychotherapy:* A lifespan perspective. Upper Saddle River, NJ: Merrill/Prentice Hall.

Bell, N. J., Avery, A. W., Jenkins, D., Field, J., & Schoenrock, C. J.(1985). Family relationships and social competence during late adolescence. *Journal of Youth and Adolescenc,. 14,* 109-119.

Bem, S. L.(1975). Sex role adaptability: one consequence of psychological androgyny, *Journal of Personality & Social Psychology, 31,* 634-643.

Betz, N. E., & Hackett, G.(1981). The relationship of career-related self-efficacy expectations to perceived career options in college women and men. *Journal of Counseling Psychology, 28,* 399-410.

Blau, P. M., & Duncan, O. D.(1967). *The American Occupational Structure.* New York: John Wiley.

Bluestein, D. L., Walbridge, M. M., Friedlander, M. L., Palladino, D. E.(1991). Contributions of psychological separation and parental attachment to the career development process.

Journal of Counseling Psychology, 38, 39-51.

Blustein, D. L., Prezioso, M. S., & Schulthesis, D. P.(1995). Attachment theory and career development: Current status and future directions. *The Counseling Psychologist, 23,* 416-432.

Blustein, D. L., & Phillips, S. D.(1990). Relation between ego identity statuses and decision-making styles. *Journal of Counseling Psychology, 37(2),* 160-168.

Blustein, D. L.(1994). "Who am I?", the question of self and identity in career development. In M. L. Savickas and R. W. Lent(Eds.). *Convergence in Career Development Theories*(pp.139-154). Palo Alto, CA: Consulting Psychologists Press.

Blustein, D. L., Devenis, L. E., & Kidney, B. A.(1989). Relationship between identity formation and career development. *Journal of Counseling Psychology, 36,* 196-202.

Blustien, D. L, Ellis, M. V., & Devenis, L. E.(1989). The development and validation of two-dimensional model of the commitment to career choices process. *Journal of Vocational Behavior, 35(3),* 342-378.

Bordin, E. S.(1946). A theory of vocational interests as dynamic phenomena. *Educational and Psychological Measurement, 3,* 46-66.

Bowlby, J.(1973). Attachment and Loss, Vol.2, *Attachment, Basic Books*, New York: Basic Books.

_____(1982). *Attachment and Loss:* Vol.1, Attachment (2nd ed.). New York: Basic Books.

_____(1988). *A secure base: Parent-child attachment and healthy human development.* New York: Basic Books.

Bores-Rangel, E., church, A. T., Szendre, D., & Reeves, C.(1990). Self-efficacy relation to occupational consideration and academic performance in high school equivalency. *Journal of Counseling Psychology, 37,* 407-418.

Bretherton, L.(1992). The Origins of Attachement Theory: John Bowlby and Mary Ainsworth, *Development Psycholgy, 25(5),* 759-775.

Brown, S. D.(1987). The status of Holland's theory of vocational choice. *The Career Development Quarterly, september,* 13-23.

Buck, J. N. & Daniels, M. H.(1984). *Assessment of career decision making manual,* Los Angeles, CA: WPS.

Campbell, E., Adams, G. R., & Dobson, W. R.(1984). Familial correlates of identity formation in late adolescence: A study of the predictive utility of connectedness and individuality in family relations. *Journal of Youth and*

Adolescence, 13, 509-525.

Campbell, R. E., & Cellini, J. V.(1981). A diagnostic taxonomy of adult career problems. *Journal of Vocational Behavior, 19(2),* 175-190.

Checketts, K.(2001). *Predictors of career decision-making self efficacy in students with disabilities.* Unpublished doctoral dissertation. Univ. of Pennsylvania.

Coco, R. F(2000). *Construct validity of the career decision scale with hispanic high school students.* Unpublished doctoral dissertation. Univ. of Seton Hall.

Costa, J., & Campos, B.(1992). *Social-educational context and beginning university students' identity development.* In C. Vandenplas & Campos(Eds.), *Interpersonal and identity development: New directions*(pp.79-86). Oporto, Portugal: University of Oporto Press.

Crites, J. O.(1961). A model for the measurement of vocational maturity. *Journal of Counseling Psychology, 8(3),* 255-259.

Crites, J. O.(1981). *Career counseling: Models, methods, and materials,* New York: McGraw-Hill.

Davis, R. C., & Horne, A. M.(1986). The effect of small-group counseling and a career course on career decidedness and maturity. *The Vocational Guidance Quarterly, 34(4),* 255-262.

Deci, E., & Ryan, R.(1985). *Intrinsic Motivation and Self-Determination in Human Behavior*, New York.: Plenum Press.

DeMania, M. E.(1999). *The role of exploration in the development of congruent and satisfying career choices.* Unpublished doctoral dissertation. Univ. of Albany.

Dignan, S. M. H.(1965). Ego identity and material identification. *Journal of personality and Social Psychology*, *1(5)*, 476-483.

Dillard, J. & Campbell, N.(1981). Influences of Puerto Rican, blacks, and anglo parents' career behavior in their adolescent & children's career development. *Vocational guidandce Quarterly*, *2*, 129-148.

Donovan, J. M.(1975). Identity status and interpersonal style. *Journal of Youth and Adolescence*, *4*, 37-55.

Duncan, O. D.(1961). *A Socioeconomic Index for All Occupations:* In Occupations and Social Status, edited by Albert J. Reiss. Jr. New York: Free Press.

Erikoon, E. II.(1959). *Identity and the life cycle.* New York: International Universities Press.

Erikson, E. H.(1968). *Identity: youth and crisis.* New York: Norton.

_____(1980). *Identity and the life cycle.* New York:

Norton.

Farmer, H. S.(1985). Model of career and achievement motivation for women and men. *Journal of Counseling Psychology, 22(3)*, 363-390.

Fassinger, R. E.(1990). Causal models of career choice in two samples of college women. *Journal of Vocational Behavior, 36*, 225-248.

Fitzgerald, L. F., & Betz, N. E.(1994). Career development in a cultural context. In M. L. Savickas & P. W. Lent(Eds.), *Convergence in career development theories*, 103-118. Palo Alto, CA: CPP Books.

Fuqua, D. R., Blum, C. R., & Hartman, B. W.(1988). Empirical support for the differential diagnosis of career indecision. *Career Development Quarterly, 36*, 365-373.

Furnham, A.(1992). *Personality at work:* The role of individual differences in the workplace. Routledge: Chapman and Hall Inc.

Gecas, V., & Seif, M. A.(1990). Causal models of career choice in two samples of college women. *Journal of Vocational Behavior, 36*, 225-248.

Gelatt, H. B.(1962). Decision-making: A conceptual frame of reference for counseling. *Journal of Counseling Psyshology, 36(2)*, 252-256.

Gilbert, L. A.(1981). Toward mental health: The benefits of psychological androgyny. *Professional Psychology, 12(1),* 29-38.

Gillespie, D., & Hellman, S. B.(1993). Impact of self-efficacy on adolescent career choice. ERIC Monograph. Washington, D.C.

Ginzberg, E.(1972). Toward a theory of occupational choice-A restatement. *Vocational Guidance quarterly, 20,* 169-176.

Ginzberg, E., Ginsburg, S. W., Axelrad, S., & Herma, J. R.(1951). *Occupational choice:* An approach to a general theory, New York: Columbia University Press.

Gordon, V. N.(1981). The undecided student: A developmental perspective. *Personnel and Guidance Journal, 59,* 433-439.

Grotevant, H. D., & Cooper, C. R(1985), Patterns of interaction in family relationships and the development of identity exploration in adolescence. *Child Development, 56,* 415-428.

Grotevant, H. D., & Cooper, C. R (1986). Individuation in family relationships. *Human Development, 29,* 82-100.

Grotevant, H. D., & Thorbecke. W. L.(1982). Sex differences in styles of occupational identity formation in late adolescence. *Developmental Psychology, 18(3),* 396-405.

Gottfredson, L. S.(1981). Circumscription and compromise: A

developmental theory of occupational aspirations. *Journal of Counseling Psychology, 28(6)*, 545-579.

Guidano, V. F.(1987). *Complexity of the self: A developmental approach to psychopathology and therapy*. New York: Guilford.

Hackett, G., & Betz, N. E.(1981). A Self-efficacy approach to the career development of women. *Journal of Vocational Behavior, 18*, 326-329.

Hackett, G.(19.*work issues* (pp.267-268). Phoeniz, AZ: Onyz Press.

Hamilton, P.(2001). *Factor related to career decision making of rural high school students*. Unpublished doctoral dissertation. Univ. of Wisconsin.

Harmon, L. W.(1985). *Review of the Career Decision Scale*. In J. V. Mitchel, Jr.(Ed), Ninth Mental Measurements Yearbook: Volume II (p.270). Lincoln, NE: University of Nebraska Press.

Harren, V. A.(1978). *Assessment of career decision making: Counselor instructor guide*. Unpublished manuscript. Southern Illinois University at Carbondale.

Harren, V. A.(1979). A model of career decision-making for college student. *Journal of Vocational Behavior, 14*, 119-133.

Harris, M. C.(1995). *Relationships between ethnicity and measures of career decision-making behavior in comprehensive Texas high school.* Unpublished Dissertaion, Ann Arbor, MI: UMI Company.

Hartman, B. W., & Fuqua, D. R.(1982). The construct validity of the Career Decision Scale adapted for college students. *Vocational Guidance Quarterly, 31,* 69-77.

Hazan, C., & Shaver, P. R.(1990). Love and work: An attachment-theoretical perspective. *Journal of Personality and Social Psychology, 59,* 270-280.

Healy, C.(1984). Career maturity and the achievement of community college students and disadvantaged university students. *Journal of College Student Personnel, 25(4),* 347-352.

Healy, P.(1992). The effectiveness of career development seminars on African American premedical students: A program evaluation using the Medical Career Development Inventory. *Journal of Multicultural Counseling and Development, 20(3),* 99-112.

Herr, E. L., & Cramer, S. H.(1988). *Career guidance and counseling through the lifespan-Systematic approaches.(3rd ed.).* San Francisco: Harper Collins Publishers.

Herr, E., & Cramer, S.(1996). *Career guidance and counseling through the life-span: Systematic approaches.(5th ed.).*

New York: Harper Collins.

Herr, E. L., Enderlein, T. E.(1976). Vocational maturity: The effects of school, grade, curriculum and sex. *Journal of Vocational Behavior, 8,* 227-238.

Hillman, J.(1983). Archetypal psychology: A brief account. Dallas, TX: Spring.

Hillman, J., & Ventura, M.(1992). *We've had a hundred years of psychotherapy and the world's getting worse.* San Francisco: Harpers.

Hoi, M. M.(1998). *Career development of first-year university students: A test of Astin's career development model.* Unpublished doctoral dissertation. Univ. of Calgary.

Holland, J. L., & Holland, J. E.(1977). Vocational indecision: More evidence and speculation. *Journal of Counseling Psychology, 24,* 404-414.

Holland, J. L., Daiger, D. C., & Power, P. G.(1980). *My Vocational situation.* Palto Alto, CA: Consulting Psychologist Press.

Holland, J. L., Gottfredson, G. D., & Power, P. G.(1980). Some diagnostic scale for research in decision making and personality: Identity, information and barriers. *Journal of Personality and social psychology, 39,* 1191-1200.

Holloway, L. D.(1967). *An in-depth study of the cooperative vocational education program, Champaign Central High*

School, Champaign, Illinois, Unpublished manuscript, University of Illinois.

Isaacson, L. E., & Brown, D.(2000). *Career information, career counseling, & career development*(7th ed.). Needham Heights, Massachusetts Allyn & Bacon.

Ivey, A. E., Ivey, M. B., & Simek-morgan, L.(1997). *Counseling and psychotherapy:* A multicultural perspective(4th ed.). Boston: Allyn & Bacon.

Jackson, W. M.(1996). Facing the challenges and implications of career shifting and transition in today's economic environment. Unpublished doctoral dissertation. Univ. of Southern Illinois.

Jepsen, D. A., & Dilley, J. S.(1974). Vocational decision-making models: A review and comparative analysis. *Review of Educational Research, 44,* 331-349.

Jones, L. K., & Chenery, M. F.(1980). Multiple subtypes among vocationally undecided college students: A model and assessment instrument. *Journal of Counseling Psychology, 27(5),* 490-577.

Jordaan, J. P.(1963). *Exploratory behavior:* the formation of self and occupational concepts. In D. E. Super, R. Starishevsky, N. Matlin, and J. P. Jordaan,(Eds.). *Career Development: Self-concept theory.* New York: College

Entrance Examination Board.

Kelly, K. B.(1993). The relation of gender and academic achievement to career self-efficacy and interests. *Gifted Child Quarterly. 37(2),* 59-64.

Kenny, M. E.(1987). The extent and function of parental attachment: The value and stability of family ties. *Journal of college student development, 31,* 39-46.

Kenny, M. E.(1990). College seniors Perceptions of parental attachment: The value and stability of family ties. *Journal of college student development, 31,* 39-46.

Kenny, M. E.(1994). Quality and correlates of parental attachment among late adolescents. *Journal of Counseling Development, 72,* 399-403.

Kinniner, R. T., Brigman, S. L, & Nobble, F. C.(1990). career indecision and family enmeshment. *Journal of Counseling and Development, 68,* 309-312.

Korger, J.(1985). Separation-individuation and ego-identity status in New Jealand University students. *Journal of Youth and Adolescence, 1492,* 133-147.

Krumboltz, J. D., Rudes, S. S., Mitchell, L. K., Hamel, D. A., & Kinnier, R. T.(1982). Behaviors associated with good and poor outcomes in a simulated career decision. *Journal of Vocational Behavior, 21(3),* 349-358.

Krumboltz, J. D.(1979). A social learning theory of career choice. In A. M. Mitchell, G. B. Jones, & J. D. Krumboltz(Eds.). *Social learning theory and career decision making.* *Cranston*, RI: Carrol Pross.

Larkin, L.(1987). Identity and fear of success. *Journal of Counseling Psychology, 34,* 38-45.

Larson, L. M., Toulouse, A. L., Mgumba, W. E., Fitzpatrick, L. A., & Heppner, P. P.(1994). The development and validation of coping with career indecision. *Journal of Career Assessment, 2(1),* 91-110.

Lauver, P. J., & Jones, R. M.(1991). Factors associated with perceived career options in American Indian, White, and Hispanicrual high school students, *Journal of Counseling Psychology, 38,* 159-166.

LaVoie, J.(1976). Ego identity formation in middle adolescence. *Journal of Youth and Adolescence, 5,* 371-385.

Lawler, E. E.(1973). *Motivation in work organizations.* Monterey, CA: Brooks/Cole.

Lee, C. (1984). Predicting the career choice attitudes of rural black, white, and native american high school students. *Vocational guidance quarterly, 32(3),* 177-184.

Lent, R. W., Brown, S. D., & Larkin, K. C.(1984). Relation of self-efficacy expectations to academic achievement and persistence. *Journal of Counseling Psyshology, 31,* 356-363.

Lent, R., Brown, s., & Hackett, G.(1994). Toward a unified social cognitive theory of career academic interests, choice, and performance. *Journal of Vocational Behavior, 45,* 79-122.

Leung, F., Wright, B., & Foster, S.(1987). Perceived parental influence and adolescent post-secondary career plans. *High School Journal, 70,* 173-179.

LoCascio, R.(1964). Delayed and impaired vocational development: A neglected aspect of vocational development theory. *The Personnel and Guidance Journal, 42(9),* 885-887.

Lopez, F. G.(1989). A Paradoxical approach to vocational indecision. *Personnel and Guidance Journal, 61,* 410-412.

Lucas, M.(1993). Personal aspects of career counseling: Three examples. *Career Development Quarterly, 42,* 161-166.

Lucas, M. S., & Epperson, D. L.(1990). Types of vocational undecidedness: A replication and refinement. *Journal of Counseling Psychology, 37(4),* 382-388.

Luzzo, D. A.(1993). Value of career decision making self-efficacy in predicting career decision-making attitudes and skills. *Journal of Counseling Psychology, 40,* 194-199.

Marcia, J. E.(1966). Development and validation of ego identity status. *Journal of Personality and Social Psychology, 3(5),*

551-558.

Marcia, J. E.(1980). *Identify in adolescence.* In J. Axelson(Ed.). Handbook of adolescent Psychology(pp.159-187), New York: Wiley.

Marcia, J. E.(1994). The empirical study of ego identity. In Bosma, H. A., Graafsma, T. L. G., Grotevant, H. D., & de Levita, D. J.(Eds.). *Identity and Development: An Interdisciplinary Approach*(pp.67-80). Thousand Oaks, CA: Sage Publications.

Marshall, H. H., & Wienstein, R. S.(1984). Classroom factors affecting students' self-evaluations: An interactional model. *Review of Education Research, 54,* 301-325.

Meier, S. T.(1991). Vocational Behavior, 1988-1990: Vocational choice, decision-making, career development interventions, and assessment, *Journal of Vocational Behavior, 39(2),* 131-181.

Mitchell, T. R., & Beach, L. R.(1976). A review of occupational preference and choice research using expectancy theory and decision theory. *Journal of Occupational psychology, 49,* 231-248.

Mueller, D. P., & Cooper, P. W.(1986). Children of single-parent families: How They Fare as Young Adults. *Family Relations, 35,* 169-176.

Multon, K. D., Heppner, M. J., & Lapan, R. T.(1995). An empirical derivation of career decision subtypes in al high school sample. *Journal of Vocational Behavior, 47*, 76-92.

Munley, P. H.(1977). Erikson's Theory of Psychosocial Development and Career Development. *Journal of Vocational Behavior, 10*, 261-269.

Nancy, E., Betz, N. E., & Hackett, G.(1986). Applications of Self-efficacy Theory to Understanding Career Choice Behavior. *Journal of Social and Clinical Psychology, 4(3)*, 279-289.

Noeth, R. J., Engen, H. B., & Noeth, P. E.(1984). Making career decision: A self-report of factors that help high school students. *The Vocational Guidance Quarterly, 32(4)*, 240-248.

Northman, J. E.(1985). The emergence of an appreciation for help during childhood and adolescence. *adolescence, 20*, 775-781.

Nugent, F. A.(2000). *Introduction to the profession of counseling*(3rd. ed.). New Jersey: Merrill Prentice Hall.

O'Brien, K. M., & Fassinger, R. E.(1993). A causal model of the career orientation and career orientation and career choice of adolescent women. *Journal of Counseling Psychology, 40(4)*, 456-459.

O'Brien, K. M.(1992). *The influence of psychological separation* and parental attachment on the career choices and self-efficacy beliefs of adolescent woman. Unpublished doctoral dissertation. Loyola university, Chicago.

O'Brien, K. M.(1996). The influence of psychological separation and parental attachment on the career development of adolescent women. *Journal of Vocational Behavior, 48,* 257-274.

Osipow, S. H., Carney, G. C., & Barack, A.(1976). A scale of education vocational undecidedness: A typological approach, *Journal of Vocational Behavior, 9,* 233-243.

Osipow, S. H.(1980). *Manual for the career decision scale(2nd ed.).* Columbus, OH: Marathon Consulting and Press.

Osipow, S. H.(1983). *Theories of Career Development(3rd ed.).* Englewood Chiffs, NJ: Prentice-Hall.

Osipow, S. H.(1987). *Manual for the Career Decision Scale.* Odessa, FL: Psychological Asessment Resources.

Osipow, S. H., Carney, C. G., Winer, J., Yanico, B., & Koschier, M.(1980). *The career decision scale(3rd rev.).* Columbus, OH: Marothon Counsulting and Press.

Osipow, S. H., & FitzGerald, L. F.(1996). *Theories of career development(4th ed.).* Boston: Allyn and Bacon.

Palmer, S. & Cochran, L.(1988). Parents as agents of career development. *Journal of Counseling Psychology, 35,* 71-76.

Parsons, F.(1909). *Choosing a vocation.* Boston: Houghton Mifflin.

Pavlak, M. F.(1981). Student characteristics as predictors of vocational attitude maturity and job satisfaction. Dissertation Abstracts Int, 39, 1634-1635.

Pavlak, M., & Kammer, P.(1985). The effects of a career guidance program on the career maturity and self-concept of delinquent youth. *Journal of Vocational Behavior,* 26(1), 41-54.

Penik, N. & Jepsen, D.(1992). Family functioning and adolescent career development. *Career Development Quarterly,* 40(3), 208-223.

Pitz, G. F., & Harren, V. A.(1980). An analysis of career decision making from the point of view of information process and decision theory. *Journal of Vocational Behavior,* 16, 320-346.

Post-Kammer & smith, P.(1985). Sex differences in career self-efficacy, consideration, and interests of eighth and ninth graders. *Journal of Counseling Psychology, 32,* 551-559.

Raja, S. N., McGee, R., & Stanton, W. R.(1992). Perceived attachments to parents and peers and psychological well-being in adolescence. *Journal of Youth Adolescence,*

21, 472-485.

Rice, K.(1990). Attachment in adolescence: A narrative and meta-analytic review. *Journal of Youth and adolescence*, *19*, 511-538.

Rotberg, H. L., Brown, D., & Ware, W. B.(1987). Career self-efficacy expectations perceived range of career options in community college students. *Journal of Counseling Psychology*, *34(2)*, 164-170.

Rosenthal, D., & Hansen, J.(1980). Comparison of adolescents: perceptions and behaviors in single and two parent families. *Journal of Youth and Adolescence*, *9*, 407-417.

Salomone, P. R.(1982). Difficult cases in career counseling: The indecisive client. *Personnel and Guidance Journal*, *60*, 496-500.

Saltiel, J.(1985). A note on models and definers as sources of influence in the status attainment process: Male-female differences. *Social Forces*, *63*, 1069-1075.

Savickas, M. L.(1989). Annual review: Practice and research in career counacling and development. 1988. *The Career Development Quarterly*, *38*, 100-134.

Savickas, M. L., & Jarjoura, D.(1991). The career decision scale as a type indicator. *Journal of Counseling Psychology*, *38*, 85-90.

Savickas, M. L., & Hartung, P. J.(1996). The career development inventory in review: Psychometric and research findings. *Journal of Career Assessment, 4,* 171-188.

Schneider, B., & Stevenson, D.(1999). *The ambitions generation: Amercia's teenagers.* Chicago, IL: Basic Books(available Spring 2001).

Schulenberg, J., Vondracek, F., & Croberg, A.(1984). The influence of the family on vocational development. *Journal of Marriage and the Family, 46,* 129-143.

Seifert, K.(1994). Improving prediction of career adjustments with measures of career development. *Career Development Quarterly, 42,* 353-366.

Seligman, L.(1994). *Developmental career counseling and assessment*(2nd ed.). Thousand Oaks, CA: SAGE Publications.

Simpson, R.(1962). Parental influence, anticipatory socialization, and social mobility. *American Sociological Review, 27,* 517-522.

Skovholt, T. M., & Morgan, J. I.(1981). Career development: An outline of issues for men. *Personnel and Guidance Journal, December,* 231-237.

Slaney, R. B.(1988). The assessment of career decision making, In W. B. Walsh & S. H. Osipow(Eds.). *Career decision making*(p.33-76). Hillsdale, NJ: ribaum.

Stewart, D., & Nejedlo, R. J.(1980). Pyramid power in career development. *Personnel and Guidance Journal, April,* 531-534.

Summerville, M. W.(2000). *Attachment style in adult learning: Implications for the person-environment interaction.* Unpublished doctoral dissertation. Univ. of Connecticut.

Super, D. E.(1953). A theory of vocational development. *American Psychologist, 8,* 185-190.

Super, D. E.(1957). *The psychology of careers.* New York: Harper & Row.

Super, D.(1980). A life-span life-space approach to career development. *Journal of Vocational Behavior, 16,* 282-298.

Super, D. E.(1990). A life-span, life-space approach to career development. In D. Brown., & L. Brooks(Eds.). *Career choice and development:* Applying Contemporary theories to practice(2nd ed.) 197-261. Jossey-Bass.

Swanson, J. L., & Gore, P. A., Jr.(2000). Advances in vocational psychology theory and research. In S. D. Brown., & R. W. Lent(Eds.). *Handbook of counseling psychology*(3rd. Ed. pp.233-269). New York: Wiley.

Tang, M., Fouad, N. A., & Smith, P. L.(1999). Asian Americans Career Choices: A Path Model to Examine

Factors influencing Their Career Choices. *Journal of Vocational Behavior, 54,* 142-157.

Taylor, K. M., & Betz, N. E.(1983). Applications of self-efficacy theory to the understanding and treatment of career indecision. *Journal of Vocational Behavior, 22,* 63-81.

Taylor, K, M., & Popma, J.(1990). An examination of the relationship among career decision-making self-efficacy, career salience, locus of control, and vocational indecision. *Journal of Vocational Behavior, 37,* 17-31.

Taylor, K. M.(1979). *The effects of a residential career exploration program on the level of career decidedness of college students.* Unpublished manuscript, Ohio State University.

Taylor, K. M.(1982). An investigation of vocational indecision in college students: Correlates and moderatiors. *Journal of Vocational Behavior, 21,* 318-329.

Taylor, K. M., & Betz, N. E.(1983). Applications of self-efficacy theory to the understanding and treatment of career indecision. *Journal of Vocational Behavior, 22,* 63-81.

Thomas, V.(1986). Career aspirations, parental support, and work values among black female adolescents. *Journal of Multicultural Counseling and Development, 14(4),* 177-185.

Thomason, S., & Winer, J.(1994). Career maturity and familial independence among college freshmen. *Journal of Career Development. 21(1),* 23-35.

Tiedeman, D. V.(1961). Decision and vocational development: A paradigm and its implications. *Journal of Personnel and Guidance, September,* 15-20.

Tolbert, E. L.(1980). *Counseling for career development.* Boston: Houghton Mifflin Co.

Trepanier-Street, M. L., Romatowski, J. A., & McNair, S.(1990). Development of story characters in gender therapeutic and non-therapeutic occupational roles. *Journal of early adolescence, 10,* 496-510.

Vondrack, F. W., Hostetler, M., schulenberg, J. E., & Shimizu, K.(1990). Dimensions of career indecision. *Journal of Counseling Psychology, 37(1),* 98-106.

Vroom, V. H.(1964). *Work and motivation.* New York: Wiley.

Wanberg, C. r., & Muchinsky, P. M.(1992). A. typology of career decision status: Validity extension of the vocational decision status model. *Journal of Counseling Psychology, ,39,* 71-80.

Walsh, D. J.(1987). Individual variation within the vocational decision making process: A review and integration. *Journal of Career Development, 14(1),* 52-65.

Waterman, A. S.(1982). Identity development from adolescence to adulthood: An extension of theory and a review of research. *Developmental Psychology, 18(3),* 341-358.

Weisskirch, R, S.(1998). *A new rook at career maturity.* Unpublished doctoral dissertation. Univ. of California.

Westbrook, B. W., Sanford, E. E., O'Neal, P., Horne, D. F., Fleenor, J., & Garren, R.(1985). Predictive and construct validity of six experimental measures of career maturity. *Journal of Vocational Behavior, 27,* 338-355.

Wiljanen, L. M.(1995). *Ego-identity status, sex-role, and career self-efficacy among male and female high school students.* Unpublished doctoral dissertation. Univ. of Wisconsin-Madison.

Williamson, E. G.(1939). How to counsel students. New York: Mcgraw-Hill.

Winer, J. l.(1992). The early history of the Career Decision Scale. *Career Developmental Quarterly, 40,* 369-375.

Winterowd, C., & Krieshok, T.(1989). Antecedents of low vocational identity in college students. *Paper presented at the annual meeting of the American Psychological Association,* New Orleans, PA.

Yogev, A., & Roditi, H.(1987). School counselors as gatekeepers: guidance in poor versus affluent neighborhoods. *Adolescence, 22,* 625-639.

Yost, E., & Corbishley, M.(1987). *Career counseling: A psychological approach*. San Francisco: Jossey-Bass.

Young, R. A.(1994). Helping adolescents with career development: The active role of parents. *Career Development Quarterly, 42(3)*, 195-106.

Zanker, V. G.(1994). Career counseling: Applied concepts of life planning(4th ed). Pacific Grove, CA: Brooks/Cole.

부 록

〈부록 1〉 검사 도구의 요인분석

a. 부애착 질문지 요인분석

문항	요인 1	요인 2	문항 내용
부애1	.621	.412	부는 나의 감정을 존중한다.
부애2	.649	.140	나의 부는 부로서 좋은 역할을 한다.
부애4	.699	.438	어떤 문제가 발생할 때 부는 나의 생각을 존중한다.
부애5	.680	.184	부는 나의 판단을 신뢰한다.
부애6	.578	.433	부는 내가 나 자신을 더 잘 이해할 수 있도록 도와주신다.
부애8(R)	.732	.112	나는 나의 부와 같이 있으면 화가 난다.
부애9	.649	.501	부는 나를 이해한다.
부애11	.736	.161	나는 부를 신뢰한다.
부애3	.238	.647	내가 화가 났을 때 부에게 말해줄 수 있다.
부애7	.172	.778	나는 부에게 나의 문제와 고민에 관해서 말한다.
부애10	.356	.650	내가 무엇인가에 화가 났을 때 부는 나를 이해시키려고 노력한다.
부애12	9.860E-12	.735	나는 가슴의 답답한 뭔가를 날려버릴 필요가 있을 때 부에게 의지한다.
부애13	.190	.626	만약 부께서 내게 고민거리가 있다는 걸 아신다면 나에게 그것에 대해 물어보신다.
Cronbach α	.8811	.7801	

(R)은 역채점

b. 부애착 질문지 설명된 총분산

성 분	추출 제곱합 적재값		
	전체	%분산	%누적
1	3.848	29.599	29.599
2	3.378	25.981	55.580

c. 모애착 질문지 요인분석

문항	요인 1	요인 2	문항 내용
모애3	.767	-9.4E-03	내가 화가 났을 때 모에게 말해줄 수 있다.
모애4	.704	.285	어떤 문제가 발생할 때 모는 나의 생각을 존중한다.
모애5	.674	.384	모는 내가 나 자신을 더 잘 이해할 수 있도록 도와주신다.
모애6	.823	5.325E-02	나는 모에게 나의 문제와 고민에 관해서 말한다.
모애8	.721	.265	모는 나의 어려움에 관해 말하도록 나를 돕는다.
모애1	.167	.694	나의 모는 모로서 좋은 역할을 한다.
모애2(R)	4.954E-02	.688	나는 다른 모를 갖기를 원한다.
모애7(R)	.104	.691	나는 나의 모와 같이 있으면 화가 난다.
모애9	.415	.630	나는 모를 신뢰한다.
Cronbach α	.8220	.6704	

(R)은 역채점

d. 모애착 질문지 설명된 총분산

성 분	추출 제곱합 적재값		
	전체	%분산	%누적
1	2.948	32.760	32.760
2	2.132	23.687	56.447

e. 또래애착 질문지 요인분석

문 항	요인 1	요인 2	문항내용
또래애1	.784	.170	나의 친구들은 나를 이해한다.
또래애2	.679	.295	내 친구들은 나의 어려움을 이야기할 수 있도록 격려한다.
또래애4	.691	9.636E-02	내 친구들은 내가 말하려고 하는 것을 귀담아 듣는다.
또래애7	.677	.253	내 친구들은 내가 어떤 일로 화가 났을 때 이해하려고 노력한다.
또래애8	.662	.265	내 친구들은 내가 잘 지내는지 염려해 준다.
또래애9	.670	.244	내 친구들은 나의 감정을 존중한다.
또래애3	.324	.687	나는 마음의 부담을 떨쳐버리고 싶을 때 친구들에게 의지할 수 있다.
또래애5	.232	.639	나는 내 친구들이 좋은 친구들이라고 생각한다.
또래애6	.155	.791	내 친구들과 거리낌 없이 편하게 대화할 수 있다.
또래애10	.182	.764	나는 나의 어려움이나 근심거리를 친구들에게 이야기한다.
Cronbach α	.8219	.7506	

(R)은 역채점

f. 또래애착 질문지 설명된 총분산

성 분	추출 제곱합 적재값		
	전체	%분산	%누적
1	3.113	31.130	31.130
2	2.409	24.095	55.225

g. 자아정체감 질문지 요인분석

문항	요인 1	요인 2	요인 3	문항 내용
자아3(R)	-.759	.285	3.940E-02	나는 앞으로 무엇이 되고 싶은지 잘 모르고 있다.
자아4	.847	06.9E-02	.143	내가 무엇이 되고 싶은가를 나는 분명히 알고 있다.
자아8(R)	-.792	.300	1.948E-02	나는 장차 무엇을 하고 싶은지 나 스스로 모르겠다.
자아9	.820	-.109	9.344E-02	나는 어른이 되어 어떤 직업을 갖게 될지 알고 있다.
자아13(R)	.733	-4.0E-02	.190	나는 진로에 대하여 구체적인 계획을 가지고 있다.
자아2(R)	-.138	.758	-.135	나는 이 세상에 있으나마나 한 존재이다.
자아6	-.151	.736	-8.7E-02	내가 보잘것없는 존재라고 생각할 때가 많다.
자아10(R)	-.161	.712	-1.9E-02	나는 믿을만한 가치가 없는 사람이다.
자아12(R)	-8.6E-02	.618	-.119	이 세상일들은 결국 허무한 일이라고 생각한다.
자아1	.126	.-7.8E-02	.652	나는 내 일을 잘 처리할 수 있다.
자아5	.6.429E-02	-8.5E-02	.760	누가 시키지 않아도 내 일은 내가 알아서 한다.
자아7	.05.0E-02	-1.6E-03	.754	나의 일은 내 스스로 처리한다.
자아11	.145	-.196	.619	나는 하루하루를 열심히 살아간다.
Cronbach α	.8694	.7055	.6721	

(R)은 역채점

210

h. 자아정체감 질문지 설명된 총분산

성 분	추출 제곱합 적재값		
	전체	%분산	%누적
1	3.250	24.998	24.998
2	2.248	17.289	42.287
3	2.064	15.875	58.162

I. 자기효능감 질문지 요인분석

문항	요인 1	요인 2	요인 3	문항 내용
자기1	.647	.136	-.277	나는 어려운 상황을 극복할 수 있는 능력이 있다.
자기2	.725	3.037E-02	-2.8E-02	나는 어떤 일의 원인과 결과를 잘 분석해 낼 수 있다.
자기3	.690	.101	-2.7E-02	나는 항상 목표를 세우고 그것에 비추어서 일의 진행상태를 확인할 수 있다.
자기4	.632	.134	8.152E-02	나는 주어진 일을 하기 위해 정보를 충분히 활용할 수 있다.
자기5	.688	9.549E-02	-9.2E-02	나는 계획을 잘 짤 수 있다.
자기6	.647	.229	-7.1E-02	나는 무슨 일이든 정확하게 처리할 수 있다.
자기8(R)	4.479E-02	-4.0E-02	.764	나는 큰 문제가 생기면 불안해져서 아무 것도 할 수가 없다.
자기9(R)	-.220	-.158	.701	나는 위험한 상황에서 잘 대처할 수 없을 것 같아서 불안하다.
자기10(R)	-.119	3.520E-02	.740	나는 위협적인 상황에서는 스트레스를 필요 이상으로 받는다.
자기11(R)	.8.3E-02	-.213	.575	어떤 일을 시작할 때 실패할 것 같은 느낌이 들곤 한다(R).
자기12(R)	-.267	.219	.606	나는 어려운 일이 생기면 당황스러워서 어찌할 바를 모른다.

문항	요인 1	요인 2	요인 3	문항 내용
자기13(R)	.2.9E-02	-.725	.113	일은 쉬운 것일수록 좋다.
자기15	.232	.798	-2.4E-02	좀 실수를 하더라도 어려운 일을 좋아한다.
자기16	.339	.592	-.106	어렵거나 도전적인 일에 매달리는 것은 재미나는 일이다.
자기17	.175	.820	-3.8E-02	아주 쉬운 일보다는 차라리 어려운 일을 좋아한다.
Cronbach α	.7813	.7631	.7939	

(R)은 역채점

j. 자기효능감 설명된 총분산

성 분	추출 제곱합 적재값		
	전체	%분산	%누적
1	2.954	19.692	19.692
2	2.654	17.695	37.386
2	2.550	17.001	54.387

〈부록 2〉설문지

학생 여러분 안녕하세요?

이 검사지는 바람직한 진로선택을 돕기 위해 만든 것입니다. 맞거나 틀린 답은 없습니다. 여러분이 평소 느끼고 생각하는 바를 솔직하게 답해주시면 됩니다.

본 자료는 일절 공개되지 않으며 오로지 연구목적에만 사용할 것입니다.

끝까지 성실하게 답해 주시면 감사하겠습니다.

2002. 2.

건국대학교 대학원 교육학과 박사과정 문승태 드림

이 검사는 여러분의 진로의식에 대하여 알아보고자 하는 내용입니다.

아래의 문항을 잘 읽고 각각의 질문에 대하여 솔직하게 자신의 생각과 가장 가까운 번호 위에 빠짐없이 하나만 v표를 하십시오.

【응답요령】

※ 다음 각 문장이 여러분의 생각과 같으면 답지 번호에 v표를 하시면 됩니다.

「전혀 그렇지 않다」   라고 생각되면 1에 ------------① ② ③ ④
「그렇지 않다」   라고 생각되면 2에 ------------① ② ③ ④
「그렇다」   라고 생각되면 3에 ------------① ② ③ ④
「매우 그렇다」   라고 생각되면 4에 ------------① ② ③ ④

◆ 아버지애착 질문지

※ 아래에 제시된 문항들은 여러분의 부모에 대한 느낌을 조사하고자 합니다. 각 문항을 읽고 자신에게 가장 적합하다고 생각되는 번호에 v표하여 주십시오.

번호	문 항	번 호			
부1	아버지는 나의 감정을 존중한다.	1	2	3	4
2	나의 아버지는 아버지로서 좋은 역할을 한다.	1	2	3	4
3	내가 화가 났을 때 아버지에게 말해줄 수 있다.	1	2	3	4
4	어떤 문제가 발생할 때 아버지는 나의 생각을 존중한다.	1	2	3	4
5	아버지는 나의 판단을 신뢰한다.	1	2	3	4
6	아버지는 내가 나 자신을 더 잘 이해할 수 있도록 도와주신다.	1	2	3	4
7	나는 아버지에게 나의 문제와 고민에 관해서 말한다.	1	2	3	4
8	나는 나의 아버지와 같이 있으면 화가 난다.	1	2	3	4
9	아버지는 나를 이해한다.	1	2	3	4
10	내가 무엇인가에 화가 났을 때 아버지는 나를 이해시키려고 노력한다.	1	2	3	4
11	나는 아버지를 신뢰한다.	1	2	3	4
12	나는 가슴의 답답한 뭔가를 날려버릴 필요가 있을 때 아버지에게 의지한다.	1	2	3	4
13	만약 아버지께서 내게 고민거리가 있다는 걸 아신다면 나에게 그것에 대해 물어보신다.	1	2	3	4

◆ 어머니애착 질문지

구분	문항	번호			
모1	나의 어머니는 어머니로서 좋은 역할을 한다.	1	2	3	4
2	나는 다른 어머니를 갖기를 원한다.	1	2	3	4
3	내가 화가 났을 때 어머니에게 말해줄 수 있다.	1	2	3	4
4	어떤 문제가 발생할 때 어머니는 나의 생각을 존중한다.	1	2	3	4
5	어머니는 내가 나 자신을 더 잘 이해할 수 있도록 도와주신다.	1	2	3	4
6	나는 어머니에게 나의 문제와 고민에 관해서 말한다.	1	2	3	4
7	나는 나의 어머니와 같이 있으면 화가 난다.	1	2	3	4
8	어머니는 나의 어려움에 관해 말하도록 나를 돕는다.	1	2	3	4
9	나는 어머니를 신뢰한다.	1	2	3	4

◆ 또래애착 질문지

구분	문항	번호			
또1	나의 친구들은 나를 이해한다.	1	2	3	4
2	내 친구들은 나의 어려움을 이야기할 수 있도록 격려한다.	1	2	3	4
3	나는 마음의 부담을 떨쳐버리고 싶을 때 친구들에게 의지할 수 있다.	1	2	3	4
4	내 친구들은 내가 말하려고 하는 것을 귀담아 듣는다.	1	2	3	4
5	나는 내 친구들이 좋은 친구들이라고 생각한다.	1	2	3	4
6	내 친구들과 거리낌 없이 편하게 대화할 수 있다.	1	2	3	4
7	내 친구들은 내가 어떤 일로 화가 났을 때 이해하려고 노력한다.	1	2	3	4
8	내 친구들은 내가 잘 지내는지 염려해준다.	1	2	3	4
9	내 친구들은 나의 감정을 존중한다.	1	2	3	4
10	나는 나의 어려움이나 근심거리를 친구들에게 이야기한다.	1	2	3	4

◈ 자아정체감 질문지

번호	문 항	번 호			
자1	나는 내 일을 잘 처리할 수 있다.	1	2	3	4
2	나는 이 세상에 있으나마나 한 존재이다.	1	2	3	4
3	나는 앞으로 무엇이 되고 싶은지 잘 모르고 있다.	1	2	3	4
4	내가 무엇이 되고 싶은가를 나는 분명히 알고 있다.	1	2	3	4
5	누가 시키지 않아도 내 일은 내가 알아서 한다.	1	2	3	4
6	내가 보잘것없는 존재라고 생각할 때가 많다.	1	2	3	4
7	나의 일은 내 스스로 처리한다.	1	2	3	4
8	나는 장차 무엇을 하고 싶은지 나 스스로 모르겠다.	1	2	3	4
9	나는 어른이 되어 어떤 직업을 갖게 될는지 알고 있다.	1	2	3	4
10	나는 믿을만한 가치가 없는 사람이다.	1	2	3	4
11	나는 하루하루를 열심히 살아간다.	1	2	3	4
12	이 세상일들은 결국 허무한 일이라고 생각한다.	1	2	3	4
13	나는 진로에 대하여 구체적인 계획을 가지고 있다.	1	2	3	4

◈ 진로결정 수준 질문지

번호	문 항	번 호			
1	나에게 재능이 있고 기회가 주어진다면 나는 _____이(가) 될 수 있다고 생각하지만, 실제로 그것은 불가능한 일이다. 그렇다고 다른 어떤 대안을 생각해 보지도 않았다.	1	2	3	4
2	나는 거의 비슷하게 호감이 가는 직업들 중에서 하나를 결정하느라 애를 먹고 있다.	1	2	3	4
3	나는 결국 직업을 가져야 한다고 생각하지만, 내가 아는 어떤 직업에도 호감을 느끼지 못한다.	1	2	3	4
4	나는 _____이(가) 되고 싶지만, 내게 관심을 갖고 있는 사람들의 생각은 이와 다르기 때문에 당장 진로결정 수준이 어렵다. 나 자신과 그 사람들 모두가 만족할 수 있는 직업을 발견하고 있다.	1	2	3	4
5	지금까지 나는 진로선택에 관해 많이 생각해 보지 않았다. 내 스스로 결정해 본 경험이 별로 없고, 지금 당장 진로결정 수준을 할 정도의 충분한 정보가 없기 때문에 혼란스럽다.	1	2	3	4

번호	문 항	번 호			
6	진로선택에 관한 모든 것이 너무 모호하고 불확실해서 당분간 결정하는 것을 보류하고 싶다.	1	2	3	4
7	나는 내가 어떤 진로를 원하는지 알고 있다고 생각했지만 최근에 그 진로를 추구하는 것이 불가능하다는 것을 알게 되었다.	1	2	3	4
8	나의 진로선택에 확신을 갖고 싶지만, 내가 아는 어떤 진로도 나에게 이상적으로 생각되지 않는다.	1	2	3	4
9	진로를 선택해야 한다는 것이 부담스럽기 때문에 빨리 결정해 버리고 싶다. 내가 어떤 진로를 택해야 할지 알려줄 수 있는 검사라도 받고 싶다.	1	2	3	4
10	나의 전공분야가 내게 만족할 만한 진로를 제공해 줄 수 있는지 잘 모르겠다.	1	2	3	4
11	나는 나의 적성과 능력을 잘 모르기 때문에 진로결정 수준을 당장 할 수 없다.	1	2	3	4
12	나는 나의 관심 분야가 어떤 것인지 모른다. 흥미를 끄는 분야가 몇 가지 있지만 나의 미래의 진로와 어떤 관계가 있는지 모르겠다.	1	2	3	4
13	나는 많은 분야에 관심이 있으며, 내가 어떤 진로를 선택하든지 잘 해낼 수 있다는 것을 안다. 그러나 내가 원하는 하나의 직업을 찾기가 힘들다.	1	2	3	4
14	나는 진로결정 수준을 했지만 그것을 어떻게 수행해 나갈지 확실하지 않다. 내가 선택 _____이(가) 되기 위해 어떤 준비가 필요한지 모르겠다.	1	2	3	4
15	진로결정 수준을 하기 전에 여러 가지 직업들에 관해 더 많은 정보가 필요하다.	1	2	3	4
16	나는 내가 어떤 직업을 선택해야 할지 알고 있지만, 내 스스로 결정을 내리기 위해서는 좀 더 지원(도움)이 필요하다고 느낀다.	1	2	3	4

◈ 자기효능감

구분	문 항	번 호			
1	나는 어려운 상황을 극복할 수 있는 능력이 있다.	1	2	3	4
2	나는 어떤 일의 원인과 결과를 잘 분석해 낼 수 있다.	1	2	3	4
3	나는 항상 목표를 세우고 그것에 비추어서 일의 진행상태를 확인할 수 있다.	1	2	3	4
4	나는 주어진 일을 하기 위해 정보를 충분히 활용할 수 있다.	1	2	3	4
5	나는 계획을 잘 짤 수 있다.	1	2	3	4
6	나는 무슨 일이든 정확하게 처리할 수 있다.	1	2	3	4
7	나는 부담스러운 상황에서는 우울감을 느낀다.	1	2	3	4
8	나는 큰 문제가 생기면 불안해져서 아무 것도 할 수가 없다.	1	2	3	4
9	나는 위험한 상황에서 잘 대처할 수 없을 것 같아서 불안하다.	1	2	3	4
10	나는 위협적인 상황에서는 스트레스를 필요 이상으로 받는다.	1	2	3	4
11	어떤 일을 시작할 때 실패할 것 같은 느낌이 들곤 한다.	1	2	3	4
12	나는 어려운 일이 생기면 당황스러워서 어찌할 바를 모른다.	1	2	3	4
13	일은 쉬운 것일수록 좋다.	1	2	3	4
14	만일 일을 선택할 수 있다면 나는 어려운 것보다는 쉬운 것을 선택할 것이다.	1	2	3	4
15	좀 실수를 하더라도 어려운 일을 좋아한다.	1	2	3	4
16	어렵거나 도전적인 일에 매달리는 것은 재미나는 일이다.	1	2	3	4
17	아주 쉬운 일보다는 차라리 어려운 일을 좋아한다.	1	2	3	4

※ 다음은 학생의 일반적인 사항에 대한 질문입니다. 해당되는 곳에 V표해 주시기 바랍니다.

1. 성별은? ① 남 ( ) ② 여 ( )

2. 계열은? ① 인문계 ( ) ② 농업계 ( ) ③ 공업계 ( )
　　　　　 ④ 상업계 ( )

※ 보기에서 고르시오(3, 4번)

① 초졸 ② 중졸 ③ 고졸 ④ 전문대학 및 2년 제졸 ⑤ 대학 및 대학원이상

3. 아버지의 교육정도는? ( )

4. 어머니의 교육정도는? ( )

5. 아버지의 직업적 위신은? ( )

※ 보기에서 고르시오(5번)

① 가정부(파출부), 청소원, 행상, 노무자, 500평 미만 농지 경작자 등
② 이·미용사, 택시운전기사, 보일러공, 인쇄공, 목수, 광부, 점원, 부동산 중개업, 500~1000평 미만 농지 경작자, 공장직공 등
③ 요식업·숙박업 종사자, 개인택시 운전기사, 생산직 감독자, 1000~3000평 미만 농지경작자, 소매상, 하사관급 군인 등
④ 교사, 기자, 경찰, 정부하급 공무원, 회사사무직 사원, 도매상, 판매 감독자, 위관급 군인(소위~대위), 3000~6000평 미만 농지 경작자 등
⑤ 회사관리직, 의사, 회계사, 변호사, 판·검사, 교수, 엔지니어, 과장급이상 공무원, 영관급 이상 군인(소령이상), 대규모 농장 경영자, 기업주 사장 등
⑥ 대기업주, 장·차관이상 정부고위관리 등

· 저자 ·

문승태　· 약　력 ·
(文承泰)　순천대학교 사범대학 농업교육과 졸업
　　　　　건국대학교 대학원 교육학 석사
　　　　　건국대학교 대학원 교육학 박사

　　　　　전　중등학교 교사법무부
　　　　　　　연수원 외래교수
　　　　　　　건국대, 순천대 외래교수
　　　　　　　한국진로교육학회 이사
　　　　　현　순천대학교 사범대학 농업교육과 교수

　　　　　· 주요논저 ·

　　　　　「농업계 고등학생의 사회적지지, 자기효능감 및 적응
　　　　　간의 구조방정식 분석」
　　　　　『교육연구방법』
　　　　　『상담심리학』
　　　　　외 다수

청소년의 진로탐색과 결정

· 초판 인쇄　2006년 9월 20일
· 초판 발행　2006년 9월 20일

· 지 은 이　문승태
· 펴 낸 이　채종준
· 펴 낸 곳　한국학술정보㈜
　　　　　　경기도 파주시 교하읍 문발리 526-2
　　　　　　파주출판문화정보산업단지
　　　　　　전화　031) 908-3181(대표) · 팩스　031) 908-3189
　　　　　　홈페이지　http://www.kstudy.com
　　　　　　e-mail(e-Book사업부)　ebook@kstudy.com
· 등　　록　제일산-115호(2000. 6. 19)
· 가　　격　24,000원

ISBN　89-534-5672-X 93370 (Paper Book)
　　　　89-534-5673-8 98370 (e-Book)